Rudolf Steiner Taschenbücher
aus dem Gesamtwerk

RUDOLF STEINER

Esoterische Betrachtungen karmischer Zusammenhänge aus dem Jahre 1924

Band I	Zwölf Vorträge, gehalten in Dornach zwischen dem 16. Februar und 23. März	GA 235 (TB 711)
Band II	Siebzehn Vorträge, gehalten in Dornach zwischen dem 6. April und 29. Juni	GA 236 (TB 712)
Band III	Elf Vorträge, gehalten in Dornach zwischen dem 1. Juli und 8. August	GA 237 (TB 713)
Band IV	Zehn Vorträge, gehalten in Dornach zwischen dem 5. und 28. September	GA 238 (TB 714)
Band V	Sechzehn Vorträge, gehalten in Prag, Paris und Breslau zwischen dem 29. März und 15. Juni	GA 239 (TB 715)
Band VI	Fünfzehn Vorträge, gehalten in Bern, Zürich, Stuttgart, Arnheim, Torquay und London zwischen dem 25. Januar und 27. August	GA 240 (TB 716)

Das Werk Rudolf Steiners, wie es in der «Rudolf Steiner Gesamtausgabe» vorliegt, ist gegliedert in die Abteilungen: *Schriften – Vorträge – Künstlerisches Werk.* Seine stets frei gehaltenen Vorträge, insgesamt mehrere tausend, waren ursprünglich als «mündliche, nicht zum Druck bestimmte Mitteilungen» gedacht. Die anfänglich ohne, später mit seinem Einverständnis entstandenen Nachschriften, vor allem von den für Mitglieder der Anthroposophischen Gesellschaft gehaltenen Vorträgen, waren zunächst nur als interne Manuskriptdrucke zugänglich, da Rudolf Steiner aus Zeitmangel die Texte, mit wenigen Ausnahmen, nicht selbst korrigieren konnte. Kurz vor seinem Tod hat er die Einschränkung «Nur für Mitglieder» aufgehoben; die von ihm gemachten *Urteils-Voraussetzungen* bleiben weiterhin gültig. – Heute sind die Vortragstexte nach den vorhandenen Unterlagen geprüft und weitgehend veröffentlicht. Dennoch können Hör- und Übertragungsfehler nicht völlig ausgeschlossen werden.

Rudolf Steiner

Esoterische Betrachtungen karmischer Zusammenhänge

Vierter Band

Zehn Vorträge und eine Ansprache, gehalten in Dornach zwischen dem 5. und 28. September 1924

RUDOLF STEINER VERLAG
DORNACH / SCHWEIZ

Nach vom Vortragenden nicht durchgesehenen Nachschriften
herausgegeben von der Rudolf Steiner-Nachlaßverwaltung

Erste Buchausgabe Dornach 1937

Ungekürzte Ausgabe nach dem gleichnamigen Band
der Rudolf Steiner Gesamtausgabe
herausgegeben von Robert Friedenthal
(Bibliographie-Nr. 238, ISBN 3-7274-2380-3)
6. Auflage, Dornach 1991

Taschenbuchausgabe

1.–7. Tsd. Dornach 1996

Zeichen auf dem Umschlag und Titelblatt von Rudolf Steiner

Printed in Germany by Clausen + Bosse, Leck

ISBN 3-7274-7140-9

ZU DIESER AUSGABE

Die Fragen nach dem tieferen Sinn des Lebens und des menschlichen Schicksals hängen aufs engste zusammen mit der Grundfrage: Leben wir nur einmal oder sind unserer gegenwärtigen Verkörperung schon andere vorausgegangen und werden ihr weitere folgen? Gibt es tiefere Gesetzmäßigkeiten, die dem Schicksal des Menschen zugrunde liegen, oder ergibt sich dieses aus einer Aneinanderreihung äußerer Faktoren?

Wie aus Umfragen und zahlreichen neueren Publikationen hervorgeht, empfinden gegenwärtig zahlreiche Menschen die Anschauung der wiederholten Erdenleben für sich persönlich als zutreffend oder stehen ihr zumindest nicht ablehnend gegenüber. Vielfach liegt dieser Haltung vor allem ein Gefühl zugrunde, das gedanklich nicht begründet werden kann. Eine solche für das heutige Denken nachvollziehbare Begründung wurde von Rudolf Steiner (1861–1925) schon zu Beginn dieses Jahrhunderts gegeben, als er 1903 zwei Abhandlungen über *«Reinkarnation und Karma»* und *«Wie Karma wirkt»* als «vom Standpunkte der modernen Naturwissenschaft notwendige Vorstellungen» veröffentlichte. Weitere grundlegende Darstellungen sind in seinen zentralen Werken «Theosophie»[1] (Kap.: *Wiederverkörperung des Geistes und Schicksal*) und «Die Geheimwissenschaft im Umriß»[2] enthalten. Diese Darstellungen dürfen auch heute noch als die beste Einführung in das Thema betrachtet werden.

Die Tatsachen der wiederholten Erdenleben des Menschen und der daraus hervorgehenden Gesetzmäßigkeiten des Schicksals gehören zu den wesentlichsten Grundanschauungen der Anthroposophie. Welche Bedeutung Rudolf Steiner diesen Themen beigemessen hat, geht daraus hervor, daß er sie während seiner ganzen Lehrtätigkeit von immer neuen Gesichtspunkten aus in zahlreichen Vorträgen ausgeführt und erweitert hat.[3] Eine Kulmination erfuhren seine Dar-

1 Siehe Tb 615 und

2 Tb 601 in dieser Taschenbuchreihe.

3 Siehe u. a. Tb 647 «Wiederverörperung und Karma und ihre Bedeutung für die Kultur der Gegenwart», und Tb 620 «Die Offenbarungen des Karma» in dieser Taschenbuchreihe.

stellungen in seinem letzten Schaffensjahr 1924, in dem er in mehr als achtzig Vorträgen die Ergebnisse seiner geisteswissenschaftlichen Forschungen über karmische Zusammenhänge für die Mitglieder der Anthroposophischen Gesellschaft ausführte. Diese Karmabetrachtungen wurden innerhalb der Rudolf Steiner Gesamtausgabe und nun auch in der Reihe der «Rudolf Steiner Taschenbücher» in 6 Bänden herausgegeben.

Die ersten vier Bände enthalten die zusammengehörige Folge der in Dornach gehaltenen Vorträge, während im fünften und sechsten Band Vorträge in anderen Städten zu diesem Thema zusammengefaßt sind. Die Darstellungen richteten sich an Zuhörer, die mit den Grundlagen der Anthroposophie, wie sie in den oben genannten und weiteren Schriften Rudolf Steiners entwickelt sind, vertraut waren. Dies bestimmte den Duktus seiner Ausführungen. Da besonders die umfangreiche Dornacher Vortragsreihe in den Bänden I – IV einem inneren Aufbau folgt und in den ersten Vorträgen wesentliche Grundlagen für das Verständnis der weiteren Darstellungen gegeben werden, empfiehlt es sich für das Studium, diesen Aufbau nachzuvollziehen.

Weitere Literaturhinweise zu dem behandelten Thema finden sich zu Beginn der Hinweise in diesem Band.

INHALT

ERSTER VORTRAG

Dornach, 5. September 1924

Es sind heute viele Freunde versammelt, welche seit der Weihnachtstagung zum ersten Male hier sind, und daher obliegt es mir, wenn auch mit wenigen Worten, einleitend auf die Weihnachtstagung hinzuweisen. Durch diese Weihnachtstagung sollte ja die Anthroposophische Gesellschaft einen neuen Impuls bekommen, und zwar denjenigen, der ihr eigen sein muß, wenn wirklich durch sie dasjenige Leben in würdiger Art fließen soll, das mit der Anthroposophie dem menschlichen Zivilisationsleben einverleibt werden soll. Es ist durchaus seit dieser Weihnachtstagung ein esoterischer Impuls in die Anthroposophische Gesellschaft gekommen. Diese Anthroposophische Gesellschaft war ja bisher sozusagen die Verwaltungsstätte für Anthroposophie. Anthroposophie war von ihrem Anfange an dasjenige, durch das fließt das spirituelle Leben, das heute und seit dem letzten Drittel des neunzehnten Jahrhunderts der Menschheit zugänglich ist. Diese anthroposophische Bewegung muß aber so aufgefaßt werden, daß, was von ihr hier auf Erden abläuft, eigentlich nur die äußere Erscheinung von etwas ist, das in der geistigen Welt sich vollzieht für die Entwickelung der Menschheit. Und wer in würdiger Weise der anthroposophischen Bewegung zugeneigt sein will, der muß sich schon auch damit bekannt machen, daß für das Gebiet der Anthroposophischen Gesellschaft selber die spirituellen Impulse gelten.

Was hat es denn für eine Bedeutung, meine lieben Freunde, wenn der Mensch im allgemeinen theoretisch an eine geistige Welt glaubt? Theoretisch an eine geistige Welt glauben heißt, diese geistige Welt in die Gedanken aufnehmen. Aber die Gedanken der Menschen der Gegenwart sind heute selber so, wenn sie auch ihrer ureigensten Natur nach für den heutigen Menschen das Geistigste darstellen, daß sie zunächst so, wie sie sich als innerer Geist des Menschen ausgebildet haben im Laufe der letzten vier bis fünf

Jahrhunderte, nur geeignet sind, Wahrheiten über das Materielle aufzunehmen. Und so hat die heutige Menschheit ein spirituelles Leben in Gedanken, erfüllt aber als allgemeine Zivilisations-Menschheit dieses spirituelle Gedankenleben nur mit materiellem Inhalte. Materieller Inhalt bleibt auch dasjenige, was man theoretisch über Anthroposophie weiß, bis hinzutritt die wirkliche innere, bewußte Überzeugungskraft: daß das Geistige ein konkretes Wirkliches ist, daß überall da, wo für den äußeren Menschensinn Materie lebt, Geist diese Materie nicht nur durchzieht und durchströmt, sondern daß zuletzt vor dem menschlichen wahren Blicke alles Materielle verschwindet, wenn er imstande ist, durch das Materielle zum Geistigen, zum Spirituellen durchzudringen.

Dann aber muß ein solches Anschauen auch ausgedehnt werden auf alles dasjenige, was uns zunächst selber angeht. Selber geht uns an unsere Zugehörigkeit zur Anthroposophischen Gesellschaft. Für diese in der äußeren Sinneswelt bestehende Tatsache, für diese unsere Zugehörigkeit zur Anthroposophischen Gesellschaft müssen wir in der Lage sein, anzuerkennen das entsprechende Spirituelle, die spirituelle Bewegung, die in der geistigen Welt sich in der neueren Zeit entwickelte und im Erdenleben fortbestehen wird, wenn die Menschen ihr treu bleiben können. Sie wird fortbestehen sonst abseits vom Erdenleben. Sie wird fortbestehen zusammenhängend mit dem Erdenleben, wenn die Menschen in ihren Herzen die Kraft finden, ihr treu zu bleiben.

Daß aber nicht nur unsere theoretische Überzeugung dahin geht, daß hinter Mineralien, Pflanzen, Tieren und dem Menschen selber ein Geistiges schwebt, sondern daß auch hinter der Anthroposophischen Gesellschaft, die im Äußeren zur Maja, zur Illusion gehört, schwebt das spirituelle Urbild der anthroposophischen Bewegung, das ist dasjenige, was eindringen muß als tiefe Überzeugungskraft in das Herz jedes sich zur Anthroposophie Bekennenden. Und das muß in dem Wirken und in dem Arbeiten der Anthroposophischen Gesellschaft real werden. Oftmals habe ich gesagt, meine lieben Freunde, vor der Weihnachtstagung, man müsse unterscheiden zwischen anthroposophischer Bewegung, von der immer dasselbe gesagt werden müßte wie heute, und zwischen der Anthroposophischen Gesellschaft, die eine äußere exoterische Verwaltungsstätte für den anthroposophischen Esoterismus war. Seit Weihnachten ist das Gegenteil der Fall. Zur Weihnachtszeit trat die schwierige Entschliessung heran, ob ich selber Vorsitzender der Anthroposophischen Gesellschaft werden soll. Ich betrachtete in allen vorangehenden Jahren des Bestandes der Anthroposophischen Gesellschaft mich als den nicht mit der Verwaltung verknüpften Lehrer der anthroposophischen Sache, und ich habe in den verschiedensten Dingen, die in Betracht kommen, das strenge durchgeführt. Die Anthroposophische Gesellschaft wurde als solche von anderen geleitet. Mir oblag, innerhalb der Anthroposophischen Gesellschaft, insofern es der einzelne oder ihre Gruppen wollten, die anthroposophische Sache zur Geltung zu bringen.

Unsere Freunde werden ja im Laufe dieser Vorträge oder aber sonst Gelegenheit haben, erkennen zu lernen, was es heißt, in tätiger Weise auf dem Erdenplane dasjenige auszuarbeiten, was sich heute in der spirituellen Welt offenbaren will. Und die Schwierigkeiten sollten eingesehen werden, welche damit verknüpft sind, wenn sozusagen zu diesem Verhältnis zur geistigen Welt eine äußere Verwaltung hinzutreten soll. Und es lag durchaus um die Weihnachtszeit die Eventualität vor: Entweder werden diejenigen geistigen Mächte, welche uns die Anthroposophie geben, Anstoß nehmen daran, daß die äußere Verwaltung nun herangezogen wird an die Esoterik selber, oder aber es wird etwas anderes eintreten. Daher war der Entschluß der denkbar schwierigste, der damals zu fassen war. Denn es konnte durchaus auch die Möglichkeit da sein, daß die Ströme geistigen Lebens, die uns zugeflossen sind, gerade durch einen solchen Entschluß hätten gefährdet werden können.

Dennoch mußte der Entschluß gefaßt werden, weil die Vorbedingungen so lagen, daß nunmehr das Gegenteil eintreten mußte von dem, was ich eben vorhin charakterisiert habe, wenn die anthroposophische Sache weiter mit der Anthroposophischen Gesellschaft in Verbindung bleiben sollte. Es mußte für die Zukunft die Anthroposophische Gesellschaft selber diejenige Stätte sein, durch die unmittelbar das esoterische Leben fließt und die selber esoterisch wirkt und sich ihres esoterischen Wirkens bewußt wird.

Dazu mußte der esoterische Vorstand geschaffen werden am Goetheanum. Dazu mußte anerkannt werden, daß diesem Vorstande in seiner Ganzheit eine esoterische Aufgabe obliegt und daß in der Zukunft alles dasjenige, was durch die Anthroposophische Gesellschaft fließt, nicht nur anthroposophische Substanz ist, die aufzunehmen ist, sondern daß für die Zukunft außerdem, daß Anthroposophie gelehrt wird, Anthroposophie getan werde, das heißt, in allen äußeren Maßnahmen Anthroposophie wirkt.

Dazu bedarf es der Anerkennung jener realen Kräfte, welche verbinden müssen die einzelnen in der Gesellschaft vereinigten Persönlichkeiten. Diese Kräfte können keine Kräfte sein, die unter irgendeinem Programm oder Satze stehen, die durch abstrakte Sätze zusammengefaßt werden. Allein dasjenige kann im esoterischen Sinne die Anthroposophische Gesellschaft begründen und halten, was als reale menschliche Beziehungen vorhanden ist. So muß in der Zukunft alles auf die realen menschlichen Beziehungen im weitesten Sinne begründet sein, auf das konkrete, nicht auf das abstrakte geistige Leben.

Man muß nur in der Lage sein, dieses konkrete geistige Leben als solches aufzufassen und es in den geringsten Einzelheiten des Lebens zu sehen. Ich möchte eine recht winzige Einzelheit anführen. Wir haben beschlossen, als dieser Impuls aufgenommen wurde, jedem unserer Mitglieder ein neues Mitglieds-Zertifikat zu geben. Da die Anthroposophische Gesellschaft mittlerweile bis zu zwölftausend Mitgliedern angewachsen ist, handelte es sich nun darum, diese zwölftausend Mitglieder-Zertifikate auszustellen, und ich mußte trotz des Einwandes, den viele gemacht haben, den Entschluß fassen – wie gesagt, es ist eine winzige Sache –, jedes einzelne Mitglieds-Zertifikat selber zu unterschreiben. Das ist natürlich eine Arbeit von vielen Wochen. Was bedeutet sie aber? Nicht irgendeinen Eigensinn, nicht irgendeine äußere Verwaltungsmaßregel, sondern das bedeutet sie, daß meine Augen geruht haben auf dem Namen desjenigen, der das Mitglieds-Zertifikat empfängt. Es ist eine menschliche Beziehung, allerdings zunächst winzigen Inhaltes, aber es ist eine menschliche Beziehung.

So unterscheiden sich menschliche Beziehungen, die Tatsachen sind, von dem, was bloße Verwaltungsmaßregeln sind, was bloß in Programmen und Paragraphen steht. Nichts von dem, was real durch die Anthroposophie fließt, darf in Satzungen und Paragraphen stehen, sondern alles muß wirkliches Leben sein. Allein wirkliches Leben kann die Esoterik aufnehmen.

So muß gesagt werden, seit der Weihnachtstagung sind anthroposophische Sache und Anthroposophische Gesellschaft nicht mehr zu unterscheiden, sind eines geworden. Daß das im Bewußtsein jedes einzelnen Mitgliedes ist, das ist dasjenige, um was es sich handelt.

Es könnte Ihnen vorkommen, meine lieben Freunde, das sei eine Selbstverständlichkeit. Denken Sie darüber nach, und Sie werden finden, daß die völlig herzliche Durchführung davon nicht eine Selbstverständlichkeit ist, sondern daß es sogar recht schwierig ist, die Sache in jedem Augenblick seines Lebens durchzuführen.

Nun handelt es sich darum, ich möchte sagen, unter der wirklichen Sorge zunächst zu stehen: Wird spirituelles Leben weiter unter diesen Bedingungen durch die Anthroposophische Gesellschaft fließen, wie sie durch die anthroposophische Bewegung geflossen ist?

Das aber darf gesagt werden, nachdem wir jetzt viele Monate unter den Wirkungen der Weihnachtstagung stehen, uns bemühen, treu zu bleiben dem, was wir dazumal mit der spirituellen Grundsteinlegung der Anthroposophischen Gesellschaft gemeint haben, das dürfen wir uns sagen: Dasjenige, was geflossen ist seit Jahren, es fließt in reicherem Maße weiter. Und wir dürfen auch sagen, daß die Herzen sich noch mehr aufgeschlossen haben allüberall, wo der mehr esoterische Zug, der seit der Weihnachtstagung durch alles, was anthroposophische Arbeit ist, fließt, wo dieser mehr esoterische Zug eben da ist.

Fassen Sie die ganze Bedeutung dieses Wortes, wie ich es aus den Erfahrungen der letzten Monate heraus zu sprechen habe, in Ihrem Herzen auf, meine lieben Freunde! Ein solches Auffassen wird in der Zukunft vielfach mit beitragen, den rechten Boden jenem spirituellen Grundstein zu geben, den wir zur Zeit der Weihnachtstagung für die Anthroposophische Gesellschaft gelegt haben.

Und damit komme ich auf das zu sprechen, was auch orientierend heute in diesem Einleitungsvortrage auf dasjenige hinweisen soll, was ich Ihnen in den nächsten Tagen zu sagen haben werde, hinweisen soll darauf, wie die anthroposophische Bewegung jetzt in diesem ernsten Augenblicke im Grunde genommen zu ihrem Keime zurückkehrt. Als aus dem Schoße der Theosophischen Gesellschaft heraus im Beginne des Jahrhunderts in Berlin die Anthroposophische Gesellschaft begründet worden ist, da spielte sich etwas sehr Eigentümliches ab. Während der Begründung der Anthroposophischen Gesellschaft, das heißt der deutschen Sektion der Theosophischen Gesellschaft, hielt ich in Berlin Vorträge über «Anthroposophie». Damit war von vornherein meinem Wirken derjenige Impuls aufgedrückt, der später die anthroposophische Bewegung ausgemacht hat.

Aber noch etwas anderes ist es, an das ich heute erinnern darf. Das erste, was ich dazumal einem ganz kleinen Kreise ankündigte, trug für ein paar Vorträge den Titel: «Praktische Karma-Übungen». Ich fühlte den allerlebhaftesten Widerstand gegen die Ausführung dieses Vorhabens dazumal. Und vielleicht wird sich das allerälteste Mitglied der Anthroposophischen Gesellschaft, das zu unserer großen Freude heute wiederum hier ist – Herr *Günther Wagner,* den ich aufs herzlichste wie eine Art von Senior der Anthroposophischen Gesellschaft hier begrüßen möchte –, daran erinnern, wie stark dazumal der Widerstand gegen vieles war, was vom Anfange an von mir der anthroposophischen Bewegung einverleibt werden sollte. Es kam nicht zu diesen Vorträgen. Es kam nicht dazu, jene Esoterik zu pflegen gegenüber den Strömungen, die sonst da waren aus der theosophischen Bewegung heraus, jene Esoterik zu pflegen, die in ganz unverhohlener und unbefangener Weise in Wahrheit von dem spricht, was eigentlich theoretisch immer da war.

Seit der Weihnachtstagung wird hier in diesem Saale, wird an den verschiedenen Orten, an denen ich sprechen durfte, in ganz unverhohlener Weise vom konkreten Wirken des menschlichen Karma in geschichtlichen Erscheinungen, in einzelnen Menschen gesprochen. Und heute sind eine Anzahl unserer Anthroposophen bereits unterrichtet, wie die verschiedenen Erdenleben bedeutsamer Persönlichkeiten verlaufen sind, wie das Karma der Anthroposophischen Gesellschaft selber und das mit ihr verbundene einzelner Persönlichkeiten sich gestaltet hat. Seit der Weihnachtstagung wird über diese Dinge ganz esoterisch gesprochen. Seit der Weihnachtstagung sind unsere Zyklen öffentlich, jedem, der dafür Interesse hat, zugänglich. So sind wir eine esoterischere und zu gleicher Zeit völlig öffentliche Gesellschaft geworden.

Damit kehren wir in einem gewissen Sinne zu dem Ausgangspunkt zurück. Damals war Absicht, was jetzt Wirklichkeit werden soll. Da viele unserer Freunde seit der Weihnachtstagung jetzt zum erstenmal hier sind, werde ich gerade die Karma-Frage vor Ihnen hier in den nächsten Tagen behandeln. Dazu werde ich mir nur erlauben, heute eine Art von Einleitung zu geben, indem ich von denjenigen Dingen spreche, die auch in den dieswöchigen «Mitteilungen», wenn auch skizzenhaft, angedeutet sind.

Zur Erlangung – das geht ja aus unserer anthroposophischen Literatur hervor – derjenigen Erkenntnisse, die in der geistigen Welt auf Tatsachen und Wesenheiten dieser geistigen Welt deuten, zur Erforschung dieser Tatsachen gehört die Entwickelung des menschlichen Bewußtseins. Wir werden schon hören, wie diese durch die Entwickelung des menschlichen Bewußtseins erforschte geistige Welt dann dem unbefangenen gesunden Menschenverstande begreiflich werden kann. Das muß immer berücksichtigt werden: Zur Erforschung der geistigen Welt gehört die Entwickelung anderer Bewußtseinszustände; zum Auffassen, zum Verstehen dessen, was der Geistesforscher zutage bringt, gehört nur der gesunde Menschensinn, der gesunde Menschenverstand, der wirklich unbefangen sich entfalten will.

Damit stößt man allerdings sogleich, indem man dieses ausspricht, auf harte Widerstände im Denkleben der Gegenwart. Als ich in Berlin dasselbe, was ich jetzt sagte, einmal aussprach, da erschien ein wohlwollender Artikel über meinen öffentlichen, vor einer großen Zuhörerschaft gehaltenen Vortrag. Dieser Artikel besagte: Herr Steiner habe gesagt, der gesunde Menschenverstand könne einsehen, was in den spirituellen Welten erforscht wird. Aber die ganze Entwickelung der neueren Zeit habe uns gelehrt, daß derjenige Verstand, der gesund ist, nichts vom Übersinnlichen einsieht und daß derjenige Verstand, der etwas vom Übersinnlichen einsieht, ganz gewiß nicht gesund ist. – Man muß schon sagen: In einer gewissen Beziehung ist das die allgemeine Ansicht der gebildeten Leute der Gegenwart. Ist man nicht verrückt – so heißt es in nüchternes Deutsch übersetzt –, so versteht man nichts von der übersinnlichen Welt; versteht man etwas von der übersinnlichen Welt, so ist man ganz gewiß verrückt! – Das ist ja dieselbe, nur etwas deutlichere Art, über die Sache zu sprechen.

Daher muß man sich schon damit beschäftigen, einzusehen, inwieferne der gesunde Menschenverstand die Ergebnisse der Geistesforschung, die durch Entwickelung anderer Bewußtseinszustände erlangt wird, einsehen kann. Wir bewaffnen seit Jahrhunderten unsere äußeren Sinne mit Instrumenten, mit Teleskop, mit Mikroskop. Auch der Geistesforscher bewaffnet seine äußeren Sinne mit dem, was er in seiner Seele selber entwickelt. Die Naturforschung ist nach außen gegangen, hat sich der äußeren Werkzeuge bedient. Die Geistesforschung geht nach innen, bedient sich der inneren Werkzeuge, die die Seele in treulichem Seelenleben ausbildet.

Nun möchte ich Ihnen heute einleitend die Entfaltung anderer Bewußtseinszustände dadurch nahebringen, daß ich die Bewußtseinszustände, die die gewöhnlichen der Menschen der Gegenwart sind, zusammenstelle, zunächst bloß zusammenstelle mit denjenigen Bewußtseinszuständen, die einmal in älteren, nicht historischen, aber vorhistorischen primitiven Entwickelungszuständen der Menschheit vorhanden waren.

Der Mensch lebt heute in drei Bewußtseinszuständen, von denen eigentlich nur der eine von ihm als die Quelle von Erkenntnissen anerkannt wird: Der Mensch lebt in den Zuständen des gewöhnlichen Wachseins, er lebt in dem Zustande des Traumbewußtseins, und er lebt in dem Zustande des traumlosen Schlafbewußtseins.

Im gewöhnlichen Bewußtsein, im Wachbewußtsein, stellen wir uns zur Außenwelt so, daß wir alles, was wir durch die Sinne erfassen können, für eine Wirklichkeit hinnehmen und auf uns wirken lassen, daß wir dieses äußere Sinnliche mit unserem an das Gehirn gebundenen Verstand, oder wenigstens an den Menschen gebundenen Verstand erfassen, uns Vorstellungen, Begriffe, auch wohl Gefühle und so weiter über das durch die Sinne Aufgenommene bilden. Wir erfassen dann in gewissen Grenzen unser eigenes Innenleben innerhalb dieses wachen Bewußtseins. Und wir kommen durch allerlei Erwägungen, Ideenentwickelungen dazu, ein Übersinnliches anzuerkennen über diesem Sinnlichen. Ich brauche diesen Bewußtseinszustand nicht weiter zu beschreiben; er ist ja jedem als derjenige, den er eigentlich für sein Erkenntnis- und Willensleben auf Erden anerkennt, bekannt.

Das Traumbewußtsein, es ist für den Menschen der Gegenwart ein undeutliches, ein dämmerhaftes. Der Mensch schaut im Traumbewußtsein das, was in der Außenwelt ist, in einer symbolischen Umgestaltung, der er sich nicht immer bewußt wird. Wir liegen des Morgens im Bette noch im Aufwachezustand, so daß wir nicht durch unsere vollgeöffneten Augen auf die aufgehende Sonne hinausblicken, sondern dem noch umflorten Blicke offenbart sich das Sonnenlicht hereinscheinend zum Fenster. Der Mensch ist noch wie durch einen dünnen Schleier getrennt von dem, was er sonst in scharf konturierten Sinnesempfindungen, scharf konturierten Sinneswahrnehmungen auffaßt: innen wird die Seele angefüllt mit der Vorstellung einer mächtigen Feuersbrunst. Die mächtige Feuersbrunst, von der der Mensch träumt, ist das Symbolum für das, was im Sonnenaufgange herleuchtet auf das noch nicht vollständig erschlossene Auge.

Oder aber der Mensch träumt, er ginge durch eine Allee von weißen Steinen, die eine Straße begrenzen, hindurch. Er kommt an einen der Steine; er findet ihn durch irgendeine Naturerscheinung oder durch Menschen oben zerstört. Der Mensch wacht auf: An dem Zahnschmerz, den er hat, nimmt er die Schadhaftigkeit eines Zahnes wahr. Die zwei ganzen Zahnreihen haben sich symbolisiert in dem, was der Mensch im Traume gesehen hat; der schadhafte Zahn an dem schadhaften Pflock.

Wir nehmen wahr, wir seien in einem überheizten Zimmer, in dem wir uns unbehaglich fühlen. Wir wachen auf: Das Herz pocht kräftig, der Puls schlägt schnell. Die Feurigkeit der Herzbewegung und des Pulses symbolisieren sich in dem überhitzten Zimmer. Innere und äußere Zustände symbolisieren sich uns im Traume; Reminiszenzen des Tageslebens, in mannigfaltigster Weise umgestaltet, zu ganzen Traumdramen ausgebildet, erfüllen den Menschen. Er weiß nicht immer, wie die Dinge sich in dem wunderbaren Umfange seines Seelenlebens ausgestalten. Und oftmals ist der Mensch gerade über dieses Traumesleben, das ja auch ins Wachleben hereinspielen kann, wenn das Bewußtsein nur irgendwie herabgedämpft ist, in einem leichten Wahne befangen.

Ein Naturforscher geht durch eine Straße an einer Buchhandlung vorbei. Er sieht ein Buch über niedere Tierwelt, ein Buch, das ihn immer außerordentlich interessiert hat, denn er ist ja ein Naturforscher. Jetzt aber, trotzdem der Titel ankündigt, daß etwas für einen Naturforscher außerordentlich Wichtiges drinnensteht, interessiert ihn das gar nicht, sondern plötzlich, indem er nur hinstarrt auf das, was er sonst immer mit dem höchsten Interesse angeschaut hätte, hört er in der Ferne einen Leierkasten eine ihm zunächst ganz entfallene Melodie abspielen. Er wird ganz aufmerksam. Denken Sie: Der Naturforscher sieht auf dem Titel eines Buches eine naturwissenschaftliche Abhandlung. Er wird nicht aufmerksam darauf, sondern das Spielen eines entfernten Leierkastens, den er sonst gar nicht gehört hätte, ist, was ihn fesselt. Was ist es? Vor vierzig Jahren, als er noch ganz jung war, tanzte er zum ersten Male in seinem Leben mit seiner ersten Tänzerin nach derselben Melodie, die jetzt der Leierkasten abspielt. Die Leierkastenmelodie, die er seit vierzig Jahren nicht gehört hat, erinnert ihn an dieses Ereignis. Der Naturforscher ist nüchtern geblieben, daher erinnerte er sich ziemlich genau an die Sache.

Der Mystiker kommt oftmals dazu, solch ein Ereignis innerlich so umzugestalten, daß es etwas ganz anderes wird. Gerade derjenige, der mit aller innerer Gewissenhaftigkeit an die Erforschung des geistigen Lebens geht, muß sich auch alles, was an Wahn und Illusion auftritt innerhalb des menschlichen Seelenlebens, ganz genau vor Augen stellen können. Man kann sehr leicht glauben, indem man sich in das Seelenleben sozusagen vertieft, einen innerlichen Weg zu dem oder jenem Geistigen gefunden zu haben; aber man hat nur die umgestaltete Reminiszenz einer Leierkastenmelodie. Dieses Traumleben ist etwas Wunderbares, etwas Großartiges, aber es ist vom Menschen richtig aufzufassen nur dann möglich, wenn er wirklich geistdurchbildet vor den Erscheinungen des menschlichen Lebens stehen kann.

Und wenn wir das tiefe Schlafesleben betrachten, das traumlos ist, so hat ja der Mensch von diesem tiefen Schlafesleben im gewöhnlichen heutigen Bewußtsein nichts anderes als die Erinnerung, daß etwa die Zeit verlaufen sein kann zwischen seinem Einschlafen und Aufwachen. Alles übrige muß er wiederum mit Hilfe seines Wachzustandes erleben. Ein allgemeines dumpfes Fühlen, wie man dagewesen ist zwischen dem Einschlafen und Aufwachen, das ist alles, was aus dem traumlosen Schlaf zurückbleibt.

Jedoch wir haben heute schon diese drei Bewußtseinszustände: das Wachbewußtsein, das Traumbewußtsein, das traumlose Schlafbewußtsein. Gehen wir aber zurück in Urzeiten menschlicher Entwickelung – wie gesagt, nicht in historische, sondern in vorhistorische Zeiten, die nur mit jenen Mitteln der Geistesforschung durchdrungen werden können, von denen hier in den nächsten Tagen gesprochen werden soll –, dann finden wir auch drei Bewußtseinszustände des Menschen, aber ganz anderer Art. Dasjenige, was wir heute im wachen Tagesbewußtsein erleben, erlebte man damals nicht, sondern man erlebte in uralten Zeiten menschlicher Entwickelung statt scharf konturierter materieller, festbegrenzter Tatsachen: Wesenheiten, verschwommene physische Grenzen.

In solchen Zeiten würde ein Mensch, der Sie alle hier gesehen hätte, wie Sie hier sitzen, nicht die scharfen Konturen, die heute Ihre Menschenwesenheit bedingen, so als Linie gesehen haben, wie er sie heute sieht, sondern die Gestalt wäre verschwommen gewesen für das gewöhnliche Wachbewußtsein; überall durchdrungen wäre dasjenige gewesen, was man heute sieht und was damals undeutlicher gewesen wäre, von einem Aurischen, von einem geistigen Leuchten und Glänzen und Schimmern und Schillern, das weit über den Umfang, den man heute sieht, hinausgegangen wäre. Alle, die Sie hier sitzen, würden Ihre Auren für den Auffassenden ineinandergehend gezeigt haben. Und ein solcher Auffassender hätte hineingeschaut in diese schillernden, glänzenden, scheinenden, glitzernden Auren des Seelischen derjenigen, die vor ihm sind. Noch hineinschauen konnte man in das Seelische, denn der Mensch lebte in der Atmosphäre des Seelisch-Geistigen.

Wenn ich einen Vergleich gebrauchen darf: Gehen wir heute nach einem heiteren, trockenen Tag abends durch die Straßen, dann sehen wir nach einem solchen Tage die Straßenlaternen so, daß sie uns die scharfen Konturen der Lichter zeigen. Gehen wir an einem nebeligen Abend durch die Straßen, so zeigen uns dieselben Laternenlichter um sich herum allerlei farbige Gebilde, die die heutige Physik ganz mißversteht, indem sie sie für subjektive Erscheinungen hält, die aber in Wahrheit dasjenige sind, was erlebt wird aus der Wesenheit dieser Flammen heraus im Zusammenhange damit, daß der Mensch durch das wässrige Element des Nebels schreitet. Die alten Menschen schritten durch das Element des Geistig-Seelischen; sie sahen die Auren, die nicht subjektiv waren, sondern objektiv zu den Menschenwesenheiten gehörten, am Menschen. Das war ihr einer Bewußtseinszustand.

Dann hatten sie einen Bewußtseinszustand, der sich an diesen anschloß, wie bei uns der traumbeseelte Schlaf sich an den Wachzustand anschließt, der wiederum nicht der unseres heutigen Traumzustandes war, sondern der verschwinden um sich sah alles das, was sinnlich ist. Für uns werden die sinnlichen Eindrücke gegenüber dem Traum zu Sinnbildern: Sonnenschein zu einer Feuersbrunst, die inneren Zahnreihen zu zwei Reihen von Pflöcken und so weiter, Erinnerungsträume zu irdischen oder auch vergeistigten Dramen, Traumdramen. Die Sinneswelt ist immer da; die Erinnerungswelt bleibt da. Für denjenigen, welcher in uralten Zeiten der Menschheitsentwickelung sein Bewußtsein hatte – wir werden ja sehen, daß wir es alle damals hatten, denn alle, die hier sitzen, waren damals in früheren Erdenleben da –, für den war die Sache anders. Da sah der Mensch, wenn der Sonnenschein am Tage schwächer wurde, nicht Symbole der physischen Dinge, sondern die physischen Dinge verschwanden vor seinem Blicke. Der Baum, der vor einem stand, verschwand; er verwandelte sich in Geistiges – die Sagen von den Baumgeistern, sie sind ja nicht ausgedacht von der Volksphantasie, nur ihre Interpretation ist ausgedacht von der im Irrtum wandelnden Gelehrtenphantasie –, der Geist, der dem Baum zugehörte, trat an die Stelle. Und diese Geister – der Baumgeist, der Berggeist, der Felsengeist – sie waren es wieder, die weiter den Seelenblick hinlenkten in diejenige Welt, in der der Mensch ist zwischen dem Tode und einer neuen Geburt, wo er ebenso unter geistigen Tatsachen ist wie hier auf der Erde unter physischen Tatsachen, wo er ebenso unter geistigen Wesenheiten ist wie hier auf Erden unter physischen Wesenheiten. Das war der zweite Bewußtseinszustand. Wir werden demnächst sehen, wie sich unser gewöhnliches Traumbewußtsein für den heutigen, nach dem geistigen Erkennen hinstrebenden Menschen auch in diesen Bewußtseinszustand verwandeln kann.

Und ein dritter Bewußtseinszustand war da. Die Menschen schliefen natürlich damals auch. Aber wenn sie aufwachten, hatten sie nicht bloß die dunkle Erinnerung, Zeit durchlebt zu haben, oder ein dumpfes Lebensgefühl, sondern wenn sie aufwachten, hatten sie eine deutliche Erinnerung an das, was sie im Schlafe erlebt hatten. Und gerade aus diesem Schlafe heraus kamen die Eindrücke über vergangene Erdenleben mit dem Schicksalszusammenhange des Menschen, mit der Erkenntnis, mit dem Durchschauen des Karma.

So hat der heutige Mensch Wachbewußtsein, Traumbewußtsein, traumloses Schlafbewußtsein. So hatte eine Vormenschheit drei Bewußtseinszustände: den Bewußtseinszustand für die geistdurchtränkte Wirklichkeit, den Bewußtseinszustand für den Einblick in die geistige Welt, den Bewußtseinszustand für das Durchschauen des Karma. Es war im wesentlichen bei der Urmenschheit eine Art Dämmerungsbewußtsein des Abends.

Dieses Dämmerungsbewußtsein des Abends ist vergangen, verglommen in der Menschheitsentwickelung. Ein Dämmerungsbewußtsein des Morgens muß heraufziehen. Die heutige Geistesforschung findet sich schon in dasselbe hinein. Und in die Lage kommen muß der Mensch, hinzuschauen auf den Baum, auf den Fels, auf die Quelle, auf den Berg, auf die Sterne, in die Lage kommen muß er, hinzuschauen und in der Erkraftung seiner eigenen Seelenkräfte, in der Verstärkung seiner eigenen Seelenkräfte es dazu bringen, daß ihm erscheint aus jeglichem physischen Dinge die dahinterstehende geistige Tatsache oder geistige Wesenheit.

Exakte Wissenschaft, exakte Erkenntnis kann es werden – worüber man heute noch wie über eine Verrücktheit, über einen Wahnsinn spottet –, daß der wirklich Erkennende hinschaut auf den Baum, der Baum vor seinem Blicke, trotzdem er das Materielle darstellt, wie aussparend den Raum, zum Nichtigen wird, und entgegenkommt dem Menschen die geistige Wesenheit des Baumes. Wie unseren physischen Augen das Sonnenlicht von allen äußeren physischen Wesen in der Reflexion entgegenleuchtet, so wird die Menschheit dazu kommen – und Anthroposophie nimmt voraus dieses Dazukommen –, einzusehen, daß die geistige Sonnenwesenheit, die die Welt durchwebt und durchlebt, auch in allen physischen Wesenheiten lebt. Wie das physische Licht in unser physisches Auge zurückstrahlt, so kann in unser Seelenauge zurückstrahlen von einem jeglichen irdischen Wesen als eine Tatsache das göttlich-geistige Sonnenwesen, das alles durchdringt. Und wie der Mensch jetzt sagt: Die Rose ist rot –, und dem zugrunde liegt, daß die Rose ihm die Gabe zurückgibt, die er selber von dem physisch-ätherischen Sonnenwesen bekommen, so wird er dann sagen können: Die Rose gibt ihm dasjenige zurück, was sie von dem geistig-seelischen Sonnenwesen bekommt, das die Welt durchwellt und durchlebt.

Der Mensch wird sich wiederum einleben in eine Geistatmosphäre, wird wissen, daß er mit seinem eigenen Wesen in dieser geistigen Atmosphäre wurzelt. Dann aber wird ihm aufgehen, wie in diesem Traumbewußtsein, das zunächst nur die chaotischen Symbolisierungen des äußeren Sinneslebens geben kann, darinnen liegen die Offenbarungen einer Geistwelt, die wir durchmachen zwischen dem Tode und einer neuen Geburt; wie in dem Tief-Schlafesleben in uns webt und lebt als realer Kräftezusammenhang das, was uns dann nach dem Aufwachen hingehen lässt zu demjenigen, mit dem sich unser Schicksal, unser Karma abspinnt. Was wir trotz aller Freiheit als unser Schicksal in unserem Tagesleben durchmachen, es wird gesponnen und gewoben während unseres Schlafeslebens da, wo wir mit unserem Seelisch-Geistigen, das aus dem Physisch-Ätherischen heraußen ist, ein Leben führen mit göttlichen Geistern, auch mit denjenigen göttlichen Geistern, die die Ergebnisse früherer Erdenleben in dieses Leben herübertragen. Und derjenige, dem es durch die Entwickelung der entsprechenden Seelenkräfte gelingt, hineinzuschauen in das traumlose Schlafesleben, der entdeckt darinnen die karmischen Zusammenhänge. Dadurch aber erst bekommt das geschichtliche Leben der Menschheit auch einen Sinn: Es wird gewoben aus dem, was Menschen aus früheren Epochen durch das Leben zwischen Tod und neuer Geburt in neue Leben, in neue Epochen hinübertragen. Wenn wir hinschauen auf eine Persönlichkeit der Gegenwart oder sonst irgendwie in der Zeit, wir verstehen sie doch erst, wenn wir ihre vergangenen Erdenleben begreifen.

Von jener Forschung, welche zunächst bei historischen Persönlichkeiten, dann aber auch im alltäglichen Leben aus dem gegenwärtigen oder irgendeinem zeitlichen Leben in frühere Erdenleben führt, wollen wir dann in den nächsten Tagen sprechen.

ZWEITER VORTRAG

Dornach, 7. September 1924

Vorgestern sprach ich davon, daß ja das theoretische Auseinandersetzen über Karma und wiederholte Erdenleben nur etwas Unlebendiges bleiben müsse, wenn man nicht die Betrachtung, die in dieser Richtung orientiert ist, auch wirklich in die praktische Lebensauffassung einführt, das heißt das Leben betrachtet in dem Sinne von Karma und wiederholten Erdenleben. Die Betrachtung, die hier gemeint ist, ist aber eine solche, die mit dem allergrößten Ernst angestellt werden muß. Denn man kann schon sagen: Die Versuchung der Menschen, über allerlei karmische Zusammenhänge, über allerlei Dinge, die mit den wiederholten Erdenleben zusammenhängen, sich Ideen zu bilden, diese Versuchung ist sehr groß, und die Quelle der Illusionen auf diesem Gebiete ist eine außerordentlich große. Und es kann ja auch eine Untersuchung nach diesen Richtungen erst wirklich angestellt werden, wenn die geistige Welt durch Seelenentwickelung in einem gewissen Sinne für den Untersuchenden aufgeschlossen ist.

Dann allerdings werden aber auch von den Zuhörern gerade für solche Untersuchungen diejenigen Gründe der Überzeugung beansprucht, welche folgen können aus alledem, was sonst im Lauf der Betrachtungen eines solchen Untersuchens zutage tritt. Man sollte eigentlich nicht irgendwelches Vertrauen haben zu demjenigen, der ohne weiteres beginnt, über wiederholte Erdenleben zu sprechen, sondern es muß schon das, was aus solchen okkulten Tiefen herausgeholt wird, dadurch bekräftigt werden, daß manches andere zunächst vorliegt, was das Vertrauen begründet.

Nun denke ich, daß im Laufe der dreiundzwanzig, vierundzwanzig Jahre, in denen Anthroposophie gepflegt worden ist, genügend okkultes Material zusammengetragen worden ist, so daß heute Ergebnisse auch dieser gewagten Forschung über Karma und wiederholte Erdenleben vor denjenigen Zuhörern entfaltet werden dürfen, die das Vertrauen durch die anderen Gebiete des Geisteslebens, die im Laufe der Zeit entrollt worden sind, gewonnen haben können. Allerdings sitzen hier gerade in dieser Zeit viele, welche verhältnismäßig kurze Zeit erst in der Gesellschaft sind. Allein es würde ja eine Unmöglichkeit für die Entwickelung der Gesellschaft bedeuten, wenn man sozusagen für die Neueintretenden beim Anfang beginnen würde; denn auf der anderen Seite haben wir ja die große Freude und Befriedigung, daß gerade während dieser vollbesetzten Kursuszeit auch eine große Anzahl der ältesten anthroposophischen Freunde hier erschienen sind, Anthroposophen, die fast die ganze anthroposophische Entwickelung miterlebt haben. Und es müssen ja im Laufe der Zeit die Gelegenheiten geschaffen werden, daß in der Anthroposophischen Gesellschaft diejenigen, die mehr im Anfänglichen ihrer Mitgliedschaft stehen, herangeführt werden können an das, was im Verlaufe der Entwickelung der Anthroposophischen Gesellschaft eben gepflegt werden muß.

Ich muß das aus dem Grunde voranschicken, weil ich gerade die Betrachtungen, die ich heute als Ausgangspunkt für manches, was in den nächsten Vorträgen folgen wird, mehr als Mitteilung hinstellen werde, weil manches darinnen ist, das wirklich recht gewagt erscheinen wird. Aber, meine lieben Freunde, es erscheint eben das menschliche Leben doch erst in seinem rechten Lichte, wenn man es seiner Wahrheit nach als durchgehend durch wiederholte Erdendaseine ins Auge faßt. Nur, das Forschen, das ernste, seiner Verantwortung sich bewußte Forschen auf diesem Gebiete ist durchaus nicht leicht. Denn Ergebnisse, die auf diesem Gebiete gewonnen werden, widersprechen eigentlich in einer gewissen Art den Vorstellungen, die man sich gewöhnlich macht.

Es ist ja so, daß, wenn jemand ein menschliches Erdenleben mit seinen Schicksalsinhalten betrachtet, ihm diejenigen Schicksalsschläge auffallen, die er zunächst aufzufassen vermag, die zusammenhängen mit dem, was Beruf, äußerer oder innerer Beruf ist, die mit der sozialen Stellung zusammenhängen und dergleichen. Es erscheint leicht ein Mensch in bezug auf den Inhalt seines Erdenlebens mit Eigenschaften, die durchaus nicht äußerlich zu sein brauchen, die schon etwas für das Innerste seines Seelenwesens bedeuten können; aber in jenen Tiefen geschaut, in denen die wiederholten Erdenleben geschaut werden müssen, ist es doch notwendig, von vielem abzusehen, was äußerlich dem Schicksal eines Menschen in einem Erdenleben den Stempel aufdrückt.

So darf man sich namentlich nicht vorstellen, daß für das durch die verschiedenen Erdenleben durchgehende Karma der äußere oder innere Beruf eine große Bedeutung habe. Man stelle sich nur vor, wie schon ein verhältnismäßig äußerlich charakterisierter Beruf – sagen wir der Beruf eines Beamten oder dergleichen – mit dem Schicksalsmäßigen des Menschen auch äußerlich zusammenhängt. Aber für die eigentlichen karmischen, für die eigentlichen Schicksalszusammenhänge braucht das, was man von diesem äußeren Beruf aus charakterisiert, gar keine Bedeutung zu haben. Ebenso ist es mit dem inneren Beruf. Wie leicht ist man versucht, bei einem Musiker daran zu denken, daß er wenigstens in einem früheren Erdenleben, wenn nicht wieder ein Musiker, so ein Künstler war. Es ist durchaus nicht immer, es ist sogar in den seltensten Fällen so, wenn man die Dinge wirklich erforscht. Denn das fortlaufende Karma, der fortlaufende Schicksalsfaden, der geht viel mehr in das menschliche Innere und kümmert sich wenig um äußere und innere Berufe, sondern viel mehr um die inneren Seelenkräfte und Seelenwiderstände, um die moralischen Zusammenhänge, die sich schließlich in jedem äußeren und inneren Berufe kundgeben können.

Das aber macht es auch, daß die Erforschung des Karma, die Erforschung des Schicksalsfadens notwendig erscheinen läßt, auf Umstände im Leben eines Menschen hinzusehen, die zuweilen sogar nebensächlich erscheinen. Ich muß da immer wieder und wieder eine Tatsache erwähnen, die mir im Leben entgegengetreten ist.

Ich sollte nachforschen über die karmischen Zusammenhänge eines Menschen, der mancherlei Eigentümlichkeiten im Leben gehabt hat, der seine Aufgabe im Leben, seinen Beruf eben gehabt hat. Aber es ergab sich dem intuitiven Blick aus all dem, was er aus seinem Beruf heraus ausführte, was er zum Beispiel als Menschenfreund

und dergleichen ausführte, nicht ein Hinweis auf seine früheren Erdenleben. Nicht als ob das alles nicht zusammenhinge mit den früheren Erdenleben; aber für das Anschauen ergab sich eben nicht ein Hinweis. Man konnte nicht durchkommen aus dem Anschauen dieser aus dem Beruf oder aus der Menschenfreundlichkeit folgenden Tatsachen. Dagegen ergab sich kurioserweise bei dieser Persönlichkeit gerade aus einer nebensächlichen Eigentümlichkeit des Lebens etwas. Er hatte vorzutragen, und immer, bevor er anfing vorzutragen, mußte er ganz gewohnheitsmäßig das Taschentuch herausnehmen und sich die Nase putzen. Ich habe ihn oft vortragen gehört und nie etwas anderes erlebt, als daß, bevor er zu sprechen, zusammenhängend zu sprechen begann, er das Taschentuch herausnahm und sich die Nase putzte. Er tat es nicht in der Konversation, aber er tat es immer, wenn er genötigt war, in Zusammenhängen zu sprechen. Das ergab ein Bild, von dem aus nun ausstrahlte die Fähigkeit, in frühere Erdenleben zurückzuschauen.

Ich führe das als ein besonders groteskes Beispiel an. Die Beispiele sind nicht immer so grotesk; aber man muß eben die Fähigkeit haben, auf das Ganze eines Menschen einzugehen, wenn man überhaupt in einer gültigen und geltenden Weise auf das Karma hinschauen will. Sehen Sie, zum Beispiel einen gewissen Beruf zu haben ist für einen tieferen Blick doch mehr oder weniger etwas, was aus der Erziehung und so weiter kommt. Dagegen hängt es schon mit der inneren geistigen Konfiguration des Menschen zusammen, wenn er gar nicht anders kann, als bevor er eine Rede beginnt, das Taschentuch herauszunehmen und sich die Nase zu putzen. Es ist das viel intimer an das Wesen des Menschen gebunden. Aber es ist das eben ein radikales, ein extremes Beispiel. Die Dinge sind nicht immer so. Aber ich möchte dadurch eben eine Vorstellung hervorrufen davon, daß einem in der Regel für die Karma-Untersuchung das, was an der Oberfläche des Lebens eines Menschen liegt, gar nichts nutzt, daß man auf gewisse Intimitäten sich einlassen muß, aber auf solche, in die man sich nicht erst hineindichtet auf unrechtmäßige Weise, sondern die offen im Leben daliegen.

Nachdem ich diese Einleitung vorausgeschickt habe, möchte ich nun unverhohlen mit dem beginnen, was ich zu sagen habe, natürlich mit all den Reserven, die in einem solchen Falle immer da sein müssen, mit den Reserven nämlich, daß jeder das, was ich zu sagen habe, glaube oder auch nicht glaube, aber auch mit der Versicherung, daß der Sache, die ich auseinandersetzen werde, der allertiefste Ernst des geisteswissenschaftlichen Forschens zugrunde liegt.

Solche Dinge treten auch nicht auf, wenn man mit der Absicht, so zu forschen, wie es ein heutiger Laboratoriumforscher tut, an die Forschung herantritt; sondern Forschungen über Karma müssen sich selber in einer gewissen Weise aus dem Karma ergeben. Ich habe das ja am Schlusse der Neuauflage meiner «Theosophie» erwähnen müssen, aus dem Grunde, weil ja unter den mancherlei merkwürdigen Zumutungen, die im Laufe des Lebens an mich gestellt worden sind, auch die ist, daß ich mich irgendwelchen psychologischen Laboratorien stellen soll, damit die Leute da erforschen können, ob die Dinge begründet sind, die ich über Geisteswissenschaft sage. Das ist natürlich ebenso lächerlich, als wenn irgend jemand mathematische Ergebnisse lieferte und man nicht diese mathematischen Ergebnisse nachprüfte, sondern ihn aufforderte, sich in einem Laboratorium untersuchen zu lassen, um dadurch darauf zu kommen, ob einer ein richtiger Mathematiker ist oder nicht. Aber dergleichen Lächerlichkeiten sind ja heute Gelehrsamkeit, werden ernsthaftig gefordert. Daß bei solchen Versuchen selbstverständlich nichts herauskommen kann, ich habe es ausdrücklich am Schlusse der Neuauflage meiner «Theosophie» erwähnt und habe auch erwähnt, daß alle Wege, die zu einer solchen Sache führen müssen – zu einer Erforschung eines konkreten okkulten Resultates –, selber auf geistig-übersinnliche Weise vorbereitet sein müssen.

Es bot sich mir einmal Gelegenheit, einen modernen Arzt zu treffen, der mir seinem Renommee, seiner schriftstellerischen Laufbahn nach sehr gut bekannt war und der von mir sehr geschätzt wurde. Ich erwähne also hier in diesem Falle die karmischen

Details, die zu der entsprechenden Forschung führten. Sie hat lange Zeit in Anspruch genommen und wurde erst in den letzten Wochen abgeschlossen, ist erst jetzt so, daß – wenn man ein gewissenhafter Mensch ist – man davon redet. Ich erwähne also alle Details, damit Sie eben mancherlei – natürlich nicht alles – von dem sehen, wie die Dinge zusammenhängen.

Also einen solchen modernen Arzt lernte ich kennen, und zwar so, daß er, als ich ihn kennenlernte, zusammen war mit einer anderen Persönlichkeit. Diese andere Persönlichkeit kannte ich schon längere Zeit sehr genau; sie machte auf mich stets einen, ich möchte nicht sagen tiefen, aber gründlichen Eindruck. Einen gründlichen Eindruck aus dem Grunde, weil diese Persönlichkeit außerordentlich gern zusammen war mit Menschen, die sich im weitesten Umfange gerade mit einem etwas äußerlich aufgefaßten Okkultismus befaßten. Diese Persönlichkeit erzählte aber auch außerordentlich gern von dem, wie sich viele ihrer Bekannten eben äußern über allerlei Okkultes, namentlich auch über allerlei, was aus dem Okkulten heraus zusammenhängt mit dem, was etwa der heutige Künstler als Lyriker, als Epiker, Dramatiker anstreben soll. Und es umschwebte diese Persönlichkeit eine Art, ich möchte sagen, von moralischer Aura. Ich gebrauche das Wort «moralisch» für alles das, was mit den vom Willen beherrschten seelischen Eigenschaften zusammenhängt. In der Gegenwart dieser Persönlichkeit, welche ich eigentlich besuchte, fand ich nun den andern, den ich seiner Schriftstellerlaufbahn nach, seiner ärztlichen Tätigkeit nach kannte und sehr schätzte. Und was sich da abspielte während dieses Besuches, das hinterließ wirklich einen tiefen Eindruck, der dazu anregte, das Ganze in das Gebiet der geistigen Forschung aufzunehmen.

Da ergab sich denn etwas sehr Merkwürdiges. Durch diejenige Anschauung, die ich durch das Zusammensein der zwei Persönlichkeiten gewinnen konnte, und auch durch den Eindruck, den diese andere Persönlichkeit auf mich machte, die ich lange aus ihrer Schriftstellerlaufbahn, aus ihrer ärztlichen Tätigkeit kannte, die ich schätzte und die ich hier zum erstenmal äußerlich sah, durch alles das erhielt ich die Kraft, zunächst zwar nicht diese Persönlichkeit, die ich neu kennenlernte, irgendwie ihren Lebens- und Schicksalszusammenhängen nach zu prüfen, aber sie strahlte gewissermaßen auf den andern, den ich schon lange kannte, Licht hinüber, und es ergab sich, daß der andere – nicht in seinem letzten, aber in einem früheren Erdenleben – im alten Ägypten gelebt hat und, was das Eigentümliche ist, im alten Ägypten mumifiziert worden ist, einbalsamiert worden ist als Mumie.

Nun ergab sich sehr bald auch, daß diese Mumie noch existierte. Ich habe sie auch später irgendwo gesehen, aber viel später. Das war zunächst der Ausgangspunkt. Aber indem die Forschung entzündet war an dieser Persönlichkeit, die ich lange kannte, strahlte sie gewissermaßen weiter aus, diese Forschung, und es ergab sich die Möglichkeit, im Schicksalszusammenhange des Mannes der neuen Bekanntschaft nun zu forschen. Und da ergab sich dann das Folgende.

Während man nun sonst sehr leicht von einem Erdenleben eines Menschen auf das letzte zurückgeführt wird, führte hier die Intuition zurück weit ins alte Ägypten und stellte klar vor das Seelenauge zwei Persönlichkeiten: eine Art Häuptling im alten Ägypten, welcher in einem gewissen sehr starken Sinne die alte ägyptische Initiation innehatte, aber etwas dekadent geworden war als Initiierter, der anfing, die Initiation im Laufe seines Lebens nicht mehr sehr ernst zu nehmen, sogar mit einem gewissen spottenden Benehmen diese Initiation zu behandeln. Der Häuptling hatte aber einen Diener, der außerordentlich seriös war. Der Diener war natürlich nicht initiiert; aber beiden wurde die Obliegenheit, Mumien zu balsamieren und dazu die Stoffe von ziemlich weit her zu besorgen.

Nun war ja das Geschäft der Mumien-Einbalsamierung namentlich im älteren Ägypten ein außerordentlich kompliziertes und erforderte intime Kenntnisse der menschlichen Wesenheit, des menschlichen Leibes. Aber es wurden auch von denen, die rechtmäßig Mumien einbalsamieren sollten, tiefe Kenntnisse über die menschliche Seele gefordert. Der Häuptling, der zu diesem Geschäfte eigentlich initiiert worden war, lief nach und nach in eine

Art Frivolität ein gegenüber seinem eigentlichen Berufe. So kam es, daß er diejenigen Dinge, die er durch eine Art Initiation empfangen hatte, nach und nach, man würde in der Mysteriensprache sagen: verriet an seinen Diener, der sich als ein Mensch entpuppte, der den Inhalt der Initiation allmählich besser verstand als der Initiierte. Und so wurde der betreffende Diener Mumien-Einbalsamierer, während der andere zuletzt nicht einmal mehr zuschaute, aber selbstverständlich alles, was damit zusammenhing in bezug auf Stellung und soziale Haltung, für sich in Anspruch nahm. Dieser andere wurde nach und nach auch so, daß er kein sehr großes Ansehen mehr genoß und dadurch in mancherlei Lebenskonflikte hineinkam. Der Diener aber, der sich eigentlich nach und nach zu einer sehr, sehr ernsten Lebensauffassung heraufarbeitete, wurde geradezu ergriffen, merkwürdig kongenial ergriffen von einer Art Initiation, die keine wirkliche war, die aber so instinktiv in ihm lebte. Und so wurde denn eine ganze Reihe von Mumien unter der Aufsicht und Mittat dieser beiden Leute eben einbalsamiert.

Die Zeit verging. Die beiden Menschen gingen durch die Pforte des Todes, machten diejenigen Erlebnisse durch, von denen ich dann das nächste Mal sprechen möchte, die im Übersinnlichen mit der Entwickelung des Karma, des Schicksals zusammenhängen, und wurden dann beide wiederum ins Erdenleben versetzt in der Römerzeit, und zwar gerade um die Zeit, als die römische Kaiserherrschaft begründet worden ist: in der Zeit des Augustus; nicht genau, aber etwa im Zeitalter des Augustus.

Wie gesagt, es ist gewissenhafte Forschung, die so exakt ist, wie nur irgendeine physikalische oder chemische Forschung sein kann. Ich würde von diesen Dingen nicht sprechen, wenn nicht eben seit Wochen die Möglichkeit gegeben wäre, über diese Dinge in so bestimmter Weise zu sprechen. Nun findet man den einen, den Häuptling – der nach und nach eigentlich ein frivoler Initiierter geworden ist, das aber, nachdem er durch die Pforte des Todes gegangen war, empfand als eine außerordentlich bittere Erdenprüfung mit allen Nachwirkungen einer solchen Empfindung einer bitteren Erdenprüfung –, man findet ihn wieder als Augustus' Tochter *Julia,* die des Augustus Stiefsohn Tiberius heiratet und die ein Leben führt, das vor ihr selber natürlich gerechtfertigt erschien, das aber innerhalb der römischen Gesellschaft dazumal als ein so unmoralisches angesehen worden ist, daß sie verbannt worden ist. Der andere, der Diener, der sich hinaufgearbeitet hatte fast zum Initiierten, aber von unten auf, wird wiedergeboren in dieser Zeit als der römische Geschichtsschreiber *Titus Livius.*

Nun ist aber das Interessante, wie Titus Livius zur Geschichtsschreibung kommt. Er hat eine ganze Anzahl Mumien einbalsamiert in alter ägyptischer Zeit. Die Seelen, die in den Körpern dieser Mumien waren, gerade diese Seelen waren vielfach als Römer, namentlich als die sieben römischen Könige inkarniert – denn die sieben römischen Könige hat es gegeben. Wir kommen, wenn wir in die Zeit gehen, wo die beiden, der Häuptling und sein Diener, inkarniert waren, in sehr alte ägyptische Zeit zurück. Und durch ein gewisses Gesetz, das gerade für die Wiederverkörperung von Seelen, deren Leiber mumifiziert sind, gilt, wurden verhältnismäßig bald diese Seelen wiederum zur Erde gerufen. Aber die karmische Verbindung des Dieners des Häuptlings, von dem ich gesprochen habe, mit diesen Seelen, deren Körper er einbalsamiert hat, ist eine so intime, daß er gerade von ihnen die Geschichte schreiben muß – natürlich muß er auch das andere dazunehmen, was er nicht einbalsamiert hat –, aber gerade die Geschichte derjenigen Menschen muß er schreiben, die er einbalsamiert hat. So wird Titus Livius zum Geschichtsschreiber.

Nun möchte ich nur, daß möglichst viele von Ihnen die römische Geschichte des Titus Livius nehmen und den Stil des Titus Livius mit dem Wissen, das sich hier aus dem karmischen Zusammenhange heraus ergibt, auf sich wirken lassen. Sie werden sehen, daß das merkwürdig menschlich Eindringliche und zu gleicher Zeit nach dem Mythus Hinneigende im Stil des Titus Livius hindrängt nach jener Menschenkenntnis, die sich ein Einbalsamierer erwerben kann. Auf solchen Zusammenhang kommt man erst, wenn man solche Forschungen anstellt. Aber dann ergibt sich eben das, was plötzlich

Licht über irgend etwas verbreitet. Man kann sich schwer den Ursprung des Stils des Titus Livius, diesen merkwürdigen Stil, mit dem Livius als Historiker die Menschen, die er beschreibt, einbalsamiert – denn so ist er zuletzt, dieser Stil –, man kann sich schwer den Ursprung dieses Stils denken. Es wird ein Licht geworfen auf diesen Stil, wenn man auf solche Zusammenhänge hinweist.

Nun, sehen Sie, haben wir die beiden Persönlichkeiten wieder als Julia und Titus Livius. Als Julia und Titus Livius gehen sie nun wiederum durch die Pforte des Todes. Alles das, was die eine Seele erlebt hat: eigentlich ziemlich stark eine Art Initiierter zu sein, es aber in die Frivolität verzerrt zu haben, die Bitterkeit der Nachwirkung in dem Leben zwischen Tod und neuer Geburt erfahren zu haben, dann als Julia das eigentümliche Schicksal – lesen Sie es nach – erfahren zu haben, alles das ergab für das nächste Leben, das auf das Julia-Leben folgte zwischen Tod und neuer Geburt, eine starke Antipathie gegen die Julia-Inkarnation, die sich in einer merkwürdigen Weise universalisierte. Man kann in der Intuition diese Individualität in dem Leben zwischen Tod und neuer Geburt finden, wie wenn sie fortwährend schrie: Ach, wäre ich niemals ein Weib geworden, denn zu diesem Weibsein hat mich geführt dasjenige, was ich dazumal im alten Ägypten vollbracht habe!

Man kann nun diese Individualitäten verfolgen. Man kommt ins Mittelalter herein: Man findet Titus Livius wieder als sangesfrohen Dichter in der Mitte des Mittelalters. Man ist erstaunt, ihn so zu finden, denn die äußeren Berufe hängen gar nicht zusammen. Aber die größten Überraschungen, die einem Menschen werden können, sind eben diejenigen, die sich aus der Betrachtung aus einander hervorgehender Erdenleben ergeben. Man findet den römischen Geschichtsschreiber – mit dem aus der Kenntnis des menschlichen Wesens durch das Mumifizieren hervorgegangenen Stil – in der weiteren Ausbildung dieses Stiles, der eine große Leichtigkeit hatte und der jetzt wie hinaufgetragen wird in lyrischer Leichtigkeit, man findet den Titus Livius wieder als *Walther von der Vogelweide.*

Walther von der Vogelweide, der sich aufhält in Tirol, manchen

Gönner hat, hat nun auch unter diesen einen bestimmten Gönner, der ein ganz merkwürdiger Mensch ist. Ein Mensch, der mit allen möglichen Alchimisten, die es dazumal zu Dutzenden und aber Dutzenden in Tirol gab, auf du und du stand, der Schloßherr war, der sich aber überall – man würde sagen, wenn man in der modernen Schauspielkunstsprache sprechen würde, in allerhand alchimistischen Schmieren herumtrieb, dabei aber ungeheuer vieles erfuhr und lernte; der unter anderem gerade aus diesem heraus, wie es ja später bei Paracelsus auch in einer ähnlichen Art der Fall war, aus seinem Herumbummeln in alchimistischen Schmieren den Impuls bekam, alles Okkulte intensiv zu verfolgen. Ungeheuer intensiven okkulten Sinn bekam er, und dadurch kam er in die Lage, etwas in Tirol wiederzufinden, was eigentlich damals auch nur sagenhaft bekannt war, nämlich die Burg, die Bergburg, die Felsenburg, die von jemandem anderen gar nicht hätte erkannt werden können, weil sie eben nur noch in Felsen bestand – sie war aus Felsen gebildet, mit einer Höhlung hinein –, die Burg des Zwergkönigs Laurin. Und auf diese Persönlichkeit machte die Dämonennatur der Gegend der Burg des Zwergkönigs Laurin einen ungeheuer tiefen Eindruck. So daß in dieser Seele Merkwürdiges vereint ist: Initiation bis zur Frivolität getrieben, Groll darüber, Frau gewesen zu sein und dadurch in die römische Sittenlosigkeit und zugleich in die römische Heuchelei über Sitte hineingetrieben worden zu sein, und intime Kenntnis, aber äußere Kenntnis, von allerlei Alchimistischem; dabei aber wiederum diese erweitert zu einem freien Sinn über Naturdämonen und überhaupt über das Geistige in aller Natur. Und beide – wenn das auch nicht in der Biographie Walthers steht, so ist das doch der Fall – beide, Walther von der Vogelweide und dieser Mann, kamen damals recht oft zusammen. Walther von der Vogelweide hat manchen Impetus, manchen Einfluß von diesem Manne erfahren.

Nun, sehen Sie, hier verfolgen wir zu gleicher Zeit – was ja sozusagen karmisches Gesetz ist –, wie die Persönlichkeiten immer wieder zueinander hingezogen werden, wie sie immer wieder und wiederum gleichzeitig, sich ergänzend, sich in Gegensätzen auslebend, auf die Erde hierher berufen werden. Und es ist ja wiederum interessant, eben zu sehen den eigentümlichen lyrischen Stil des Walther, der wirklich, ich möchte sagen, sich so ausnimmt, wie wenn ihm das Einbalsamieren nun gründlich verleidet wäre und er nach der ganz anderen Seite des Lebens, nach der Seite des Lebens, wo man es mit nichts Totem, sondern mit dem vollen fröhlichen Dasein zu tun hat – aber auch wiederum mit einem Stich sogar ins Pessimistische –, sich wendet. Fühlen Sie den Stil Walthers von der Vogelweide, und fühlen Sie die beiden vorhergehenden Erdenleben in diesem Stil drinnen. Fühlen Sie auch das unruhige Leben des Walther von der Vogelweide: Es erinnert ungeheuer an jenes Leben, das einem aufgeht, wenn man so lange mit den Toten zusammen ist und viele Schicksale sich in der Seele abladen, wie das bei einem Mumieneinbalsamierer der Fall war.

Und nun im weiteren. Sehen Sie, die weitere Verfolgung dieser karmischen Kette führte mich wiederum in dasselbe Zimmer – aber jetzt nur intuitiv, im Geist –, in dem ich in der Anwesenheit eines alten Bekannten von mir, den ich aber auch als Mumie wußte – und jetzt wußte ich: als Mumie einbalsamiert von dem andern –, gewesen war, führte mich also die ganze Linie wiederum in dieses Zimmer. Und ich fand die Seele, die durch den alten ägyptischen dienenden Einbalsamierer, durch Titus Livius, durch Walther von der Vogelweide gegangen war, in dem modernen Arzt *Ludwig Schleich* wieder.

So ergeben sich in überraschender Weise die Zusammenhänge im Leben. Wer begreift denn überhaupt mit dem gewöhnlichen Bewußtsein ein Erdenleben! Es ist ja nur zu begreifen, wenn man weiß, was auf dem Grunde einer Seele ist. Theoretisch wird es von vielen gewußt, daß da aufeinanderfolgende Erdenleben abgelagert sind auf dem Grunde der Seele. Aber real, konkret wird das ja erst, wenn man es eben auch wirklich im konkreten Fall beschaut.

Der Blick wurde wieder herausgeführt aus diesem Zimmer, denn die andere Persönlichkeit, die da als eine von dem anderen Mumifizierte vorhanden war, ergab zunächst keine weiteren, wenigstens nicht sehr erheblich weiteren Spuren. Dagegen ergab sich jetzt auch der Seelenweg des alten Häuptlings, der Julia, des Entdeckers von Laurins Zauberschloß: das ist *August Strindberg.*

Nun bitte ich Sie, das ganze Leben und die Dichtung August Strindbergs zu nehmen und sie auf dem Hintergrunde zu sehen, den ich eben geschildert habe. Schauen Sie sich den eigentümlichen Frauenhaß von Strindberg an, der eigentlich keiner ist, weil er aus allerlei anderen Untergründen hervorgeht. Schauen Sie sich alles das an, was dämonisch durch die Dichtungen Strindbergs geht. Schauen Sie sich die Vorliebe für alle möglichen alchimistischen und okkulten Künste und Künsteleien bei August Strindberg an – und schauen Sie sich schließlich das abenteuerliche Leben August Strindbergs an! Dann werden Sie schon finden, wie gut sich dieses Leben von dem geschilderten Hintergrunde abhebt.

Und lesen Sie dann die Memoiren von Ludwig Schleich, seine Beziehungen zu August Strindberg, so werden Sie sehen, wie das wiederum sich auslebt auf dem Hintergrunde von den früheren Erdenleben! Aber es kann da aus den Memoiren von Ludwig Schleich ein Licht aufflackern, ein ganz merkwürdiges Licht, ich möchte sagen, ein bestürzendes Licht. Die Persönlichkeit, bei der ich Schleich getroffen habe, von der ich so gesprochen habe, daß sie ja von Schleich selber im alten Ägypterleben mumifiziert worden ist, diese Persönlichkeit ist ja dieselbe, von der Schleich in seinen Memoiren erzählt, daß sie ihm Strindberg gebracht hat, wiedergebracht hat. An der Leiche haben sie zusammen gearbeitet: diese Seele, die in diesem Körper war, die hat sie wieder zusammengebracht.

Sehen Sie, so werden die Dinge, die zunächst theoretisch erörtert werden können über wiederholte Erdenleben und das Karma, konkret. Dann aber wird wirklich dasjenige, was im Erdenleben sich darstellt, erst durchsichtig. Was ist so ein einzelnes menschliches Erdenleben in seiner vollen Unbegreiflichkeit, wenn es nicht auf seinem Hintergrunde der früheren Erdenleben geschaut werden kann!

Meine lieben Freunde, wenn ich solche Dinge erörtere, habe ich außer der Erörterung noch eine Empfindung. Diese Dinge, die seit der Weihnachtstagung zu erörtern möglich geworden sind, diese Dinge erfordern, wenn sie im richtigen Sinne angesehen werden wollen, bei den Zuhörern wahrhaftigen Ernst, ernste Gesinnung und ein seriöses Drinnenstehen in der anthroposophischen Bewegung, denn sie können sehr leicht zu allen möglichen Frivolitäten führen. Aber die Dinge werden vorgebracht, weil es heute notwendig ist, daß die Anthroposophische Gesellschaft auf die Basis des Ernstes gestellt werde und sich ihrer eigenen Aufgabe innerhalb der modernen Zivilisation bewußt werde.

Daher möchte ich, nachdem ich in dieser Weise den Grund gelegt habe, in der nächsten Stunde, die am nächsten Mittwoch um halb neun Uhr stattfinden soll, über das Karma der Anthroposophischen Gesellschaft sprechen, um dann in der weiternächsten Stunde, die ich noch ankündigen werde, überzugehen zu demjenigen, was solche Karmabetrachtungen für den Menschen werden können, der sein eigenes Leben seinem tieferen Sinne nach betrachten will.

DRITTER VORTRAG

Dornach, 10. September 1924

Der Verlauf der Menschheitsgeschichte und unseres eigenen Lebens wird nur zum geringsten Teile begriffen, wenn wir ihn nach seiner Außenseite betrachten, nach jener Außenseite, die wir überblicken, wenn wir zuhilfe nehmen, was sich abspielt im Ausblicke von unserem Erdenleben zwischen Geburt und Tod. Und unmöglich ist es, die inneren Motive von Geschichte und Leben zu überschauen, wenn der Blick nicht auf dasjenige hingewendet wird, was als der geistige Hintergrund dem äußeren physischen Geschehen zugrunde liegt. Man stellt ja die Weltgeschichte dar und in dieser Weltgeschichte auch die Ereignisse, welche sich in der physischen Welt abspielen, und sagt wohl, diese Weltgeschichte stellt Ursachen und Wirkungen hin. Man geht an die Ereignisse im zweiten Jahrzehnt des zwanzigsten Jahrhunderts heran, stellt sie als Wirkungen der Ereignisse des ersten Jahrzehntes dar und so weiter. Aber wie viel Illusion ist da möglich! Es ist so, wie wenn wir etwa ein fortlaufendes Wasser sehen würden, das Wellen aufwirft, und wir jede Tafel Mitte Welle nur als die Folge der vorhergehenden ansehen würden; während von unten herauf die Kräfte dringen, welche die Wellen aufwerfen. So ist es: Dasjenige, was an irgendeiner Stelle des geschichtlichen Werdens oder des menschlichen Lebens überhaupt geschieht, das wird aus der geistigen Welt heraus gestaltet, und nur zum geringsten Teile können wir in bezug auf dieses Geschehen von Ursachen und Wirkungen sprechen.

Ich möchte Ihnen nun an einigen fortlaufenden Beispielen zeigen, wie man, um ein wirkliches Bild von dem zu bekommen, was dem Geschehen zugrunde liegt, die geistigen Ereignisse in dieses Geschehen hereinbeziehen muß. Die gegenwärtige Zeit hängt ja in geistiger Beziehung mit dem zusammen, was man im geistigen Leben die Michael-Herrschaft nennen kann. Diese Michael-Herrschaft aber ist wiederum mit demjenigen verbunden, was im tiefsten Sinne auch die anthroposophische Bewegung will, namentlich mit dem, was sie soll. So daß mit den Ereignissen, von denen ich sprechen werde, auch das Schicksal, das Karma, wie sich uns das nächste Mal herausstellen wird, der Anthroposophischen Gesellschaft und damit das Karma der weitaus meisten Einzelpersönlichkeiten zusammenhängt, welche in dieser Anthroposophischen Gesellschaft sich finden. Einzelnes von dem, was ich heute abend berühren werde, ist vielen von Ihnen aus vorigen Vorträgen schon bekannt. Allein ich möchte heute Bekanntes mit weniger Bekanntem von einem gewissen Gesichtspunkte aus betrachten.

Wir sehen, meine lieben Freunde, wie seit dem Mysterium von Golgatha eine fortlaufende christliche Entwickelung durch die gebildete Welt geht. Und es ist ja öfter auch von mir in früheren Zeiten dargestellt worden, welchen Sinn diese christliche Entwickelung in den aufeinanderfolgenden Jahrhunderten angenommen hat. Aber es ist ja nicht zu leugnen, daß in diese christliche Entwickelung manches andere hereingespielt hat. Denn wäre das nicht der Fall, so könnte nicht unsere heutige Zeitbildung von jenem starken Materialismus durchsetzt sein, von dem sie durchsetzt ist.

Es ist zwar nicht zu leugnen, daß zu diesem Materialismus gerade die christlichen Bekenntnisse starke Beiträge geliefert haben, aber nicht eigentlich aus den christlichen Impulsen heraus, sondern aus anderen Impulsen heraus, die eben von anderer Seite in die christliche Entwickelung hereingeflossen sind.

Wir sehen, wie im Abendlande – nehmen wir eine gewisse Zeit heraus, das achte, den Beginn des neunten Jahrhunderts –, wir sehen, wie da in einer Weise, mit der wir vielleicht nicht immer einverstanden sein können von unseren heutigen humanitären Begriffen aus, durch solch eine Persönlichkeit wie Karl den Großen das Christentum überall hingetragen wird unter die damals in Europa lebenden, noch nicht christlichen Menschen. Unter diesen nichtchristlichen Menschen sind aber diejenigen ganz besonders bemerkenswert, welche von jenen Zügen beeinflußt worden sind, die von Asien durch Nordafrika nach Europa herüberkamen und die vom Arabismus, vom Mohammedanertum ausgehen. Wir müssen dabei das Mohammedanertum im weiteren Sinne des Wortes fassen.

Ein halbes Jahrtausend und mehr nach dem Mysterium von Golgatha sehen wir entstehen aus dem Arabismus heraus alle alten Weltanschauungselemente des Arabismus im Mohammedanertum, vieles, was damit zusammenhängt, vieles namentlich von einer reichen, aber in einer unchristlichen Art gestalteten Gelehrsamkeit, sehen diese Gelehrsamkeit mit durchstoßenden Kriegszügen von Asien herüber durch Nordafrika nach dem Westen und Süden Europas sich verbreiten. Wir sehen allmählich diesen Strom versiegen für die mehr äußerliche Welt, aber er versiegt nicht im Innern der Entwickelung des geistigen Lebens. Als die mehr äußerliche Art, den Arabismus nach Europa auszubreiten, schon versiegte, sehen wir – und hier kommt einer der Fälle, wo wir nun von der äußeren Geschichte nach dem spirituellen Hintergrunde zu sehen haben –, wie auf eine innerliche Art der Arabismus sich ausbreitet. Und ich habe Ihnen ja gesagt bei der letzten Karmabetrachtung, die ich hier angestellt habe, daß, wenn wir die aufeinanderfolgenden Erdenleben von einzelnen Menschen betrachten, wir nicht aus dem Äußerlichen, aus der äußerlichen Attitüde irgendwelche Schlüsse ziehen können darauf, wie ein früheres Erdenleben gestaltet war, denn es kommt auf viel innerlichere Impulse an. So kommt es auch bei den historischen Persönlichkeiten auf viel innerlichere Impulse an. Und wir sehen die Ergebnisse früherer Kulturepochen in spätere von Persönlichkeiten getragen, von den Menschen selber hinübergetragen, aber wir sehen sie bei diesem Hinübertragen auch verändert, so daß wir sie in der neuen Form, in der sie eine Persönlichkeit austrägt in einer neuen Inkarnation, nicht ohne weiteres durch die Betrachtung des Äußeren wiedererkennen können. Und so wollen wir denn eine solche innere Strömung ins Auge fassen.

In derselben Zeit, in der Karl der Große – man möchte sagen auf eine etwas primitive Art mit der damaligen europäischen primitiven Bildung verknüpft – das Christentum ausbreitete, lebte drüben im Orient eine Persönlichkeit, die eigentlich gegenüber Karl dem Großen auf einer viel bedeutenderen Höhe stand, *Harun al Raschid.* Harun al Raschid versammelte an seinem Hofe in Vorderasien die bedeutendsten geistigen Größen seiner Zeit. Und es war ein glänzender, ja auch von Karl dem Großen vielfach verehrter Hof, dieser Hof des Harun al Raschid. Wir sehen die Architektur, Dichtkunst, Astronomie, Geographie, Historie, Menschenkunde, alles in glänzendster Weise durch die glänzendsten Persönlichkeiten vertreten, zum Teil durch Persönlichkeiten, welche noch viel in sich trugen von Erkenntnissen alter Initiationswissenschaft.

Insbesondere sehen wir beigesellt dem Harun al Raschid, der selber ein organisatorischer Geist im großen Stile war, der aus seinem Hofe geradezu, ich möchte sagen, eine Universal-Akademie zu gestalten vermochte, wo in einem großen organischen Ganzen die einzelnen Glieder dessen, was man dazumal im Orient an Kunst und Wissenschaft hatte, zusammenwirkten, wir sehen dem Harun al Raschid beigesellt eine andere Persönlichkeit, eine Persönlichkeit, die geradezu die Elemente alter Einweihung in sich trug.

Es ist ja nicht so, daß ein Mensch, der in früherer Inkarnation ein Eingeweihter war, wiederum als Eingeweihter in einer späteren Inkarnation erscheinen muß. Sie können ja, meine lieben Freunde, die Frage aufwerfen, die im Anschlusse an manches in diesen Vorträgen Behauptete aufzuwerfen ist: Ja, es soll doch alte Eingeweihte gegeben haben, wo sind denn die hingekommen? Haben die sich nicht wieder verkörpert? Wo sind sie heute? Wo waren sie in den letzten Jahrhunderten? – Nun, sie waren schon da, aber man muß eben in Erwägung ziehen, daß derjenige, der in einer früheren Inkarnation ein Initiierter war, in einer neuen Inkarnation vor allen Dingen für sich die äußere Körperlichkeit benutzen muß, die eben das Zeitalter geben kann. Die neuere menschliche Entwickelung gibt nicht Körper, die so innerlich schmiegsam, biegsam und weich sind, daß unmittelbar dasjenige in sie eintreten kann, was in einer früheren Inkarnation in der Individualität lebte. Und so bekommen dann die Initiaten andere Aufgaben, in denen schon unbewußt in der Stoßkraft der Impulse dasjenige wirkt, was früher während ihrer Initiation da war, was aber nicht in der Form des Initiationswirkens auftritt.

So lebte am Hofe Harun al Raschids als ein zweiter Organisator, der auch ein Besitzer außerordentlich tiefer Einsicht war – nur nicht gerade in der damaligen Inkarnation der Initiaten-Einsicht – ein Ratgeber, der die größtdenkbaren Dienste dem Harun al Raschid leistete.

Diese beiden Persönlichkeiten, Harun al Raschid und sein Ratgeber, sie gingen durch die Pforte des Todes. Und sie sahen gewissermaßen, nachdem sie drüben im geistigen Reiche angekommen waren, noch die letzten Phasen der Ausbreitung des Arabismus auf der einen Seite über Afrika nach Spanien hinüber, weit nach Europa herein, auf der andern Seite aber auch nach Mitteleuropa herein. Sie waren stärkste Kräfte, die beiden, und Harun al Raschid hatte manches getan während seines Lebens, um in der physischen Welt zur Ausbreitung des Arabismus beizutragen.

Dieser Arabismus hat ja eine besondere Gestalt am Hofe Harun al Raschids bekommen: die Gestalt, die nun eben hervorgegangen war aus mancherlei anderen Gestaltungen, welche Erkennen und Kunst drüben in Asien seit langer Zeit hatten. Die letzte große Entwickelungswelle nach Asien hinüber war ja von dem vorigen Michael-Zeitalter als dasjenige ausgegangen, was griechisches Geistesleben, griechische Spiritualität, griechischer künstlerischer Sinn bedeutete und was zusammengefaßt wurde durch die Gemeinschaft von Aristoteles und Alexander dem Großen und als die Blüte des griechischen Geisteslebens, in einer ungemein energischen, aber auch für Geistverbreitung vorbildlichen Art durch die Eroberungszüge Alexanders des Großen nach Asien, nach Afrika hinübergetragen wurde, durchsetzt mit der Gesinnung, die sich wissenschaftlich ausprägte im Aristotelismus in Vorderasien und Afrika. Und damit wurde überhaupt der Arabismus und der Orientalismus gesinnungsgemäß ausgestaltet mit jenen Impulsen, welche das Griechentum des Aristoteles angenommen hatte und die dann durch Alexanders Eroberungen und Gründungen eine so glänzende Verbreitung gefunden haben.

Wenn wir da ein paar Jahrhunderte vor das Mysterium von Golgatha zurücksehen, bis zu den Alexanderzügen, bis zu der Verbreitung jener Weisheitsgüter, die ich eben angedeutet habe, durch Alexander den Großen, so sehen wir die ganzen Jahrhunderte hindurch bis zu Harun al Raschid, der dann im achten nachchristlichen Jahrhundert lebte, drüben in Asien die Gesinnung, die Aufnahmefähigkeit für griechisches Geistesleben in der aristotelischen Gestalt. Aber es hatte eigentümliche Formen angenommen. Obzwar das alles geistvoll, großartig eindringlich, von dem Arabismus durchdrungen am Hofe Harun al Raschids lebte, obzwar es gepflegt wurde von Harun al Raschid, von seinem Ratgeber, von den anderen, die da waren, sogar durchsetzt wurde von alter orientalischer Initiatenweisheit, so war das, was an Aristotelismus am Hofe Harun al Raschids lebte, doch nicht das Echte, was etwa zwischen Aristoteles und Alexander gepflegt worden ist. Es hatte Formen angenommen, die sich wenig um das Christentum kümmern wollten.

Und so haben wir da drüben, glänzend gepflegt namentlich unter der Ägide Harun al Raschids und seines Ratgebers, einen Aristotelismus, ein Alexandertum, der einen dem Christentum abträglichen Pol darstellt, der eine Geistgestalt, namentlich eine Art von Pantheismus, angenommen hat, die sich mit dem Christentum niemals vereinigen wollte, durch ihre innere Essenz sich nicht mit dem Christentum vereinigen konnte.

Mit einer solchen Gesinnung eines antiken Geisteslebens, das nicht in das Christentum hineinwollte, gingen Harun al Raschid und sein Ratgeber durch die Pforte des Todes. All ihr Mühen, all ihre Sehnsucht, all ihre Kraft war, nachdem sie durch die Pforte des Todes gegangen waren, darauf gerichtet, von der Geistwelt aus in der geschichtlichen Entwickelung gewissermaßen fortsetzend in dasjenige einzugreifen, was an Verbreitung des Geisteslebens des Arabismus – früher im Laufe der Kriegszeiten und dergleichen – von Asien nach Europa herein stattgefunden hatte. Sie sandten nach ihrem Tode aus der geistigen Welt herunter die Geiststrahlen, die gewissermaßen Europa in seinem Geistesleben mit Arabismus durchdringen wollten.

Und so sehen wir, wie der eine, Harun al Raschid, folgende Entwickelung nach seinem Tode durchmacht: Von Vorderasien durch Tafel rechts oben den Süden Europas herüber, durch Spanien verfolgt er von der geistigen Welt aus das, was zur Verbreitung des Arabismus geschieht, und setzt es fort. Der andere, der in der geistigen Welt lebt, beobachtet entsprechend und lebt in einer gewissen Weise mit demjenigen mit, was unten in der physischen Welt ist; er nimmt gewissermaßen in der Geistwelt einen Zug, der sich in seiner Projektion etwa ausnehmen würde wie: nördlich vom Schwarzen Meer nach Mitteleuropa herein.

So senden wir einmal unsern Blick hinauf zu diesen Individualitäten, gewissermaßen in Geistwanderungen, die sich in dieser eben angegebenen Weise auf den physischen Plan herunterprojizieren lassen. Sie wissen ja auch schon historisch, wie der Aristotelismus, wie die Alexandersage sich in das Christentum hinein verbreitet hatten. Im neunten, zehnten, elften, zwölften, dreizehnten Jahrhundert noch gehörte zu den allerpopulärsten Stoffen, von denen man überall erzählte in Europa, der Stoff, der sich an Alexander den Großen anknüpfte. Und wir haben da die wunderbare Dichtung des Pfaffen Lamprecht, das Alexanderlied, das überall aber die Taten Alexanders an die geistige Welt anknüpft. Die Erziehung und das Leben Alexanders werden geschildert, die Züge nach Asien hinüber. Aber überall wird dasjenige, was in diesem Erdenleben Alexanders geistig lebt, hervorgehoben. Und mit allem Erdenleben hängt ja Geistiges zusammen, das sieht nur das gewöhnliche Bewußtsein nicht. In dieser Bearbeitung des Stoffes im Mittelalter war das alles darinnen. Und so breitet sich der Aristotelismus aus bis herein in die Scholastik: überall aristotelische Begriffe. Aber es ist nur der andere Pol: Drüben, hinüber nach Asien, in arabistischer Form, hier in christlicher Form; das Alexanderlied ganz von christlicher Gesinnung durchdrungen, der Aristotelismus in Europa durchaus in christlicher Gestalt.

Ja, es spielt sich da sogar das Merkwürdige ab, daß die christlichen Kirchenlehrer, ausgerüstet in ihrer Seele mit dem Aristoteles, gegen diejenigen kämpfen, die von Asien herüber den anderen Aristoteles getragen hatten nach Spanien hinein und dort eine unchristliche Lehre verbreiteten. Und wir sehen überall auf den Bildern, die eben in späterer Zeit gemalt worden sind, ich möchte sagen, den Aristotelismus kämpfen mit den christlichen Kirchenvätern, die Kirchenväter mit dem in der Hand, was sie aus Aristoteles haben, tot-tretend mit den Füßen Averrhoes und die anderen, die nun auch jenen Aristotelismus, der durch das Alexandertum herüber nach Europa gekommen war, in ihrer Art vertreten.

Das spielt sich äußerlich ab. Aber man darf aus der geistigen Forschung heraus sagen: Harun al Raschid und sein Ratgeber lebten in der angedeuteten Weise weiter fort, nachdem sie durch die Pforte des Todes gegangen waren. So lebten selbstverständlich auch fort Alexander und Aristoteles. Sie selber aber, die wirklichen Individualitäten, die nur einmal, ich möchte sagen, vorübergehend ins Erdenleben hereinsahen in den ersten christlichen Jahrhunderten – sogar in einer für die anthroposophischen Gesichtspunkte interessanten Gegend –, aber dann wiederum zurückgingen in die geistige Welt und die in der geistigen Welt zugleich waren in der Zeit, als Harun al Raschid und sein Ratgeber schon einige Zeit den physischen Plan verlassen hatten, Aristoteles und Alexander verfolgten andere Wege. Ihre wirklichen Individualitäten gingen mit der christlichen Entwickelung, gingen westwärts mit der christlichen Entwickelung.

Nun spielte sich auch das Wichtigste, das Wesentlichste ab im neunten Jahrhundert. Aber dasjenige, was jetzt von der geistigen Welt aus maßgebend ist für das, was in Europa geistig geschieht, das fällt in übersinnlichen Welten mit einem Ereignis zusammen, in dem man es nicht leicht wiedererkennt, – aber es fällt zusammen mit diesem Ereignis. Und ein ungeheuer Bedeutsames geschieht gerade 869 in übersinnlichen Welten. Oben geschieht etwas außerordentlich Bedeutsames; unten spielt sich ab jenes achte ökumenische Konzil in Konstantinopel, in dem dogmatisch erklärt wird, man dürfe nicht sagen, wenn man Christ sein wolle, der Mensch bestünde aus Leib und Seele und Geist. Die Trichotomie, wie man es nannte, wurde für ketzerisch erklärt.

Ich habe das früher oftmals so ausgedrückt, daß ich sagte: Auf diesem Konzil 869 wurde der Geist abgeschafft; man mußte in der

Zukunft sagen, der Mensch bestehe aus Leib und Seele, und die Seele habe einige geistige Eigenschaften. Das, was da unten in dieser Weise in Konstantinopel geschah, das war eine irdische Projektion, in der man allerdings dasjenige nicht wiedererkennt, von dem es die Projektion ist. Es war die Projektion eines geistigen, aber für die europäische Geistesgeschichte ungeheuer wichtigen Ereignisses, das sich allerdings über viele Jahre erstreckte, das aber sozusagen doch nach diesem Zeitpunkte auch angesetzt werden kann.

Es war schon jene Zeit herangekommen in diesem neunten Jahrhundert, wo für die europäische Menschheit und ihr Geistesleben vollständig vergessen war, was in den ersten christlichen Jahrhunderten den echten Christen durchaus noch geläufig war: daß der Christus als ein Wesen, das früher in der Sonne war, sein Leben mit der Sonne zusammenhängend hatte, daß dieser Christus in dem Leibe des Jesus von Nazareth sich verkörpert hatte, wie es ja oftmals hier dargestellt wurde. Christus, das Sonnenwesen Christus zusammenhängend mit der kosmischen Welt durch seine Wohnung in der Sonne vor dem Mysterium von Golgatha, und nicht nur das Sonnenwesen, sondern das Wesen, das mit allem, was planetarisch mit der Sonne zusammenhängt, eben auch verbunden war: das war etwas den ersten Christen Geläufiges. Aber dieser kosmische Ursprung des Christus-Impulses, er war im neunten Jahrhundert schon nicht mehr da. Man hatte sozusagen die Größe des Christus-Impulses abgestreift. Immer mehr und mehr rückte man heran an das, was man das rein Menschliche nannte, das heißt das nur auf dem physischen Plan sich Abspielende. Man nahm die Evangelien, erklärte nicht das, was in den Kosmos hinauswies, sondern erzählte wie ein Erden-Epos dasjenige, was Inhalt der Evangelien ist.

Wenn man recht verstehen will, was damit eigentlich geschieht, dann muß man sich klar sein darüber, daß es ja in der wirklichen Entwickelung der Menschheit ein Christentum vor Christus, vor dem Mysterium von Golgatha gab. Und ernst sollte man nehmen solche Worte wie die des Heiligen Augustinus, der ja sagte, das Christentum war immer da, nur nannte man diejenigen, die sich vor dem Mysterium von Golgatha zum Christentum bekannten, nicht Christen, sondern man nannte sie eben anders. Das ist aber nur der äußere Ranken-Ausdruck für etwas, was außerordentlich tief bedeutsam ist. In den Mysterien, in den wahren Mysterien, und sogar an denjenigen Stätten, wo nicht selber Mysterien waren, aber das Mysterium-Wissen und die Mysterien-Impulse hineinspielten, da gab es überall ein Christentum vor dem Mysterium von Golgatha. Nur sprach man von dem Christus-Wesen als dem Wesen, das auf der Sonne ist, das man dann schauen kann, mit dem man wirken kann, wenn man durch die Initiations-Weisheit so weit kommt, daß einem die Tatsache des Sonnenlebens in ihrem geistigen Inhalte, in ihrem tatsächlichen Inhalte gegenwärtig sein kann.

So sprach man von dem Christus, der da kommen wird, in den alten Mysterien. Man sprach nicht von einem irdischen Christus, der auf der Erde gelebt hat und da ist; man sprach aber von dem kommenden Christus, der einmal da sein wird, den man dazumal noch auf der Sonne suchte. Solches aber verbreitete sich auch in die späteren Zeiten noch hinein für manche Stätten, die das Christentum auch in nachchristlichen Jahrhunderten noch nicht erreicht hatte.

Und da hat sich gerade vor kurzem durch den englischen Aufenthalt, als der Sommerkurs stattfand in Torquay, im Westen Englands, in der Nähe derjenigen Stätte, wo einstmals Artus mit den Seinen war – wir konnten ja diese Stätte besuchen –, da hat sich gerade etwas ergeben, was hinwies auf ein solches verspätetes Wirken in einem Christentum vor dem Christentum. Dort hat sich einfach das erhalten in spätere Zeiten hinein, was in der Artus-Sage vielfach von einer Gelehrsamkeit, die aber nicht sehr gelehrt ist in bezug auf das Tatsächliche, auf spätere Zeiten bezogen wird. Das geht aber in sehr frühe Zeiten zurück. Und es ist ja wirklich ein tiefer Eindruck, den man bekommen kann, wenn man da auf der Stätte steht, von der man hinunterschaut in das Meer, wie einstmals die Ritter der Artusschen Tafelrunde hinuntergeschaut haben in das Meer. Und man bekommt, wenn man dafür empfänglich ist, heute noch durchaus jenen Eindruck, der einem sagt, was eigentlich diese Ritter der Tafelrunde, die Artus-Ritter, da oben machten in diesem

Riesenschloss, von dem die letzten Steine, die abbröckelnden Steine, die spätesten Zeugen, stehen.

Von dieser Ruinenstätte, die, trotzdem sie ganz zerbröckelt ist, noch einen gigantischen Eindruck macht, schaut man hinaus in das Meer. Es ist eine Bergkuppe, auf beiden Seiten davon das Meer. Indem man da in das Meer hinausschaut, in einer Gegend, wo fast immer stundenweise die Witterung wechselt, kann man, wenn man da steht, den glänzenden Sonnenschein, der sich im Meere spiegelt, anschauen; gleich darauf weht stürmisches Wetter. Man bekommt, wenn man das, was sich heute noch da abspielt, mit dem okkulten Auge überschaut, einen großartigen Eindruck. Es weben und leben elementarische Geister, die da sich herausentwickeln aus den Lichtwirkungen, den Luftwirkungen, den Wirkungen der sich kräuselnden und an dem Ufer sich stoßenden Meereswellen. Der Eindruck jener Elementargeister, die in dem allem leben, die Wechselwirkung der Elementargeister in dem Leben, in dem Weben dieser Elementargeister zeigt sich heute noch ganz anschaulich: wie die Sonne in ihrer Wesenheit Irdisches wirkt, indem sie zusammenkommt mit dem, was von unten an Elementargewalten, an spirituellen Elementargeistern aus der Erde herauswächst. Da bekommt man heute den Eindruck: Das war die unmittelbare, ursprüngliche Inspirationsquelle der Zwölf, die zu dem Artus gehörten.

Tafel links

Man sieht sie stehen dort, diese Ritter von Artus' Tafelrunde, beobachtend dieses Spiel der Licht-, Luft-, Wasser-, Erdgewalten, der elementaren Geister. Aber man sieht auch, wie diese Elementargeister ihnen Boten waren für Sonnen- und Monden- und Sternen-Botschaften, was dann übergegangen ist in ihre Impulse, namentlich in älteren Zeiten. Vieles hatte sich erhalten durch die Jahrhunderte der nachchristlichen Zeit bis zu jenem Jahrhundert, dem neunten Jahrhundert, von dem ich eben spreche.

Es war ja die Aufgabe dieses Artus-Ordens, der auf den Unterricht Merlins hin dort begründet worden ist, Europa zu kultivieren, als Europa noch überall in seinem Geistesleben unter dem Einflusse der merkwürdigsten Elementarwesenheiten stand. Und mehr als man heute glaubt, muß das alte Leben Europas begriffen werden so, daß man überall sieht das Hineinspielen von elementargeistigen Wesenheiten in das unmittelbare menschliche Leben.

Da aber lebte auch, bevor dorthin die Kunde von dem Christentum gekommen war, und sogar in den ältesten Formen – denn, wie gesagt, das Artusleben führt bis in vorchristliche Zeit zurück –, da lebte auch die Erkenntnis, wenigstens praktisch instinktiv, aber praktisch instinktiv ganz deutlich, die Erkenntnis von dem Christus, dem Sonnengeiste, vor dem Mysterium von Golgatha. Und in dem, was die Ritter von Artus' Tafelrunde taten, lebte dieser selbe kosmische Christus, der – nur nicht unter dem Namen des Christus – auch enthalten war in dem Impetus, mit dem Alexander der Große nach Asien hinüber die griechische Kultur mit ihrem spirituellen Leben trug. Es gab sozusagen spätere Alexanderzüge, die von den Rittern von Artus' Tafelrunde so nach Europa ausgeführt wurden wie der Alexanderzug von Mazedonien nach Asien hinüber.

Ich führe das an, weil man da an einem Beispiele, das gerade in der letzten Zeit untersucht werden konnte, sieht, wie der Sonnendienst, das heißt der alte Christusdienst, eigentlich da gepflegt worden ist; aber selbstverständlich mit diesem Christus, wie er für die Menschen vor dem Mysterium von Golgatha war: Da war alles kosmisch, sogar in dem irdisch-elementaren Übergang des Kosmos. In den Elementargeistern, die in Licht und Luft und Wasser und Erde lebten, lebte ja das Kosmische; da konnte man darinnen das Kosmische beim Erkennen nicht verleugnen. So daß im europäischen Heidentum in diesem neunten Jahrhundert viel vorchristliches Christentum lebte. Das ist das Eigentümliche –, und daß diese Nachzügler des europäischen Heidentums den kosmischen Christus in dieser Zeit überhaupt verstanden, viel würdiger verstanden als diejenigen, die in dem sich offiziell verbreitenden Christentum den Christus hinnahmen.

Wir sehen ja, wenn wir dieses Leben um den König Artus, von König Artus, hereinleuchten sehen in die Gegenwart, wie merkwürdig sich das fortsetzt, wenn es sich durch Karmagewalt, durch Schicksalsgewalt plötzlich in die Gegenwart hereinstellt. So konnte ich schauend kommen auf ein Mitglied von Artus' Tafelrunde, das wirklich das Leben von Artus' Tafelrunde in einer sehr eindringlichen Weise führte, etwas abseits von den übrigen, die mehr dem Rittertum hingegeben waren. Es war das ein Ritter mit einem etwas beschaulichen Leben. Nicht ähnlich dem Gralsrittertum, – das gab es bei Artus nicht. Man nannte das, was aus ihren Aufgaben heraus, die zum großen Teile eben gemäß der damaligen Zeit Kriegszüge waren, diese Ritter trieben, man nannte das: Abenteuer, Aventiuren. Aber der eine, der mir herausfiel aus den anderen Gestalten, der zeigte ganz aus diesem Leben heraus vieles, das ja in seiner Inspiration wunderbar ist. Diese Ritter gingen hinaus auf das vorspringende Land, überschauten jenes wunderbare Wolkenspiel oben, die sich kräuselnden Wellen unten, dieses Ineinanderwerfen, das heute noch einen majestätischen, großartigen Eindruck macht, sahen darinnen das Geistige, inspirierten sich damit. Dadurch hatten sie ihre Kraft. Aber es gab einen darunter, der hatte einen besonders eindringlichen Blick für dieses Kräuseln und Wellen, dafür, wie die geistigen Wesenheiten in diesen kräuselnden Wellen herauftollen, mit ihren für irdischen Anblick grotesken Gestalten, er hatte einen wunderbaren Blick für die Art und Weise, wie diese herrlich reine Sonnenwirkung mit der übrigen Natur zusammenspielte, lebte und webte in dem geistigen Wirken und Weben dieser bewegten Meeresoberfläche, er lebte in dem, was man auch sieht in dieser durch die wässrige Atmosphäre, ich möchte sagen, getragenen Lichtnatur der Sonne, die in einer anderen Weise an Bäume und Baumzwischenräume herankommt als in anderen Gegenden. Sie erglänzt wieder, zuweilen wie in Regenbogenfarben spielend, von den Baumzwischenräumen hervor.

Solch ein Ritter war da unter diesen, der einen eindringlichen Blick hatte für diese Dinge. Es lag mir viel daran, dessen Leben weiter zu verfolgen, die Individualität weiter zu schauen, denn gerade da mußte sich etwas von einem, ich möchte sagen, fast primitiven heidnischen, nur so weit christlichen Leben, wie ich es dargestellt habe, in einer späteren Inkarnation ergeben. Es hat sich ergeben: Gerade dieser Ritter der Tafelrunde des Artus ist wiedergeboren als *Arnold Böcklin.* Und dieses Rätsel, das mich ungeheuer lange verfolgt hat, kann nur gelöst werden in Anknüpfung an Artus' Tafelrunde. Sehen Sie, da haben wir ein Christentum vor dem Mysterium von Golgatha, das heute noch mit geistigen Händen zu greifen ist, das noch hineinleuchtet in die Zeit, bis zu der Zeit, die ich hier skizziert habe.

Die Persönlichkeiten, die durch die Pforte des Todes gegangen waren, die gut kannten, was Christentum vor dem Mysterium von Golgatha war, trafen zusammen, während das achte allgemeine Konzil in Konstantinopel spielte, ich möchte sagen, bei einem himmlischen Konzil, das gleichzeitig war; bei dem sich Aristoteles, Alexander, Harun al Raschid, sein Ratgeber und manche aus dem Kreise, gerade von Artus' Tafelrunde, begegneten.

Da war von den im christlichen Sinne wirken wollenden Aristoteles und Alexander viel Mühe aufgewandt, den Arabismus, der in den Individualitäten von Harun al Raschid und den anderen lebte, zu besiegen. Es ging nicht. Die Individualitäten waren nicht dazu geeignet. Aber das andere ergab sich: daß noch tiefer durchdrungen, als es eben in den rauheren Attitüden der Artusritter war, das alte kosmische Christentum in den von Artus' Tafelrunde herkommenden Menschen lebte. Und da war es, bei diesem überirdischen Konzil, daß gegenüber dem, was nun wohl in der Zukunft geschehen werde und was man voraussah, unter der Mitwirkung der Michaelmacht sozusagen von Alexander und Aristoteles die Entschlüsse gefaßt wurden, wie in Europa das geistige Leben neue Impulse im Sinne eines verchristlichten Alexandrismus, eines verchristlichten Aristotelismus erhalten solle.

Aber Harun al Raschid und sein Ratgeber blieben bei dem alten. Und das, was durch dieses, wenn ich so sagen darf, himmlische Konzil sich abspielte, dieses nun weiter zu verfolgen in der europäischen Geistesgeschichte, das ist von der allergrößten Bedeutung. Denn wenn wir auf die weitere Wanderung im Geistesleben blicken, finden wir Harun al Raschid, diesen wunderbaren Organisator, diesen großartigen Geist aus der Zeit Karls des Großen, auf Erden wiederkommen. Und er erscheint wiederum später mitten im Christentum, aber indem er durchgetragen hat durch das Leben zwischen Tod und neuer Geburt seinen Arabismus. Doch es braucht nicht in der äußeren Konfiguration, die dann in der physischen Welt auftritt, dasjenige, was eine solche Persönlichkeit darlebt, dem arabischen Elemente ähnlich zu sein. Es kleidet sich in die neuen Formen, bleibt aber in den neuen Formen dennoch dem Wesen nach das Alte: Mohammedanismus, Arabismus.

Das tritt auf, wirksam im europäischen Geistesleben, als Harun al Raschid wiedererscheint, wiederverkörpert in Bacon, *Baco von Verulam.* Und das tritt in einer anderen Weise auf, sogar in einer merkwürdigen Weise mit dem Christentum durchsetzt, indem sein Ratgeber auftritt in Mitteleuropa, weithin in Europa dann wirkt als *Amos Comenius.* Vieles im europäischen Geistesleben ist im Zusammenhange mit dem geschehen, was die wiedererstandenen Geister des Hofes von Harun al Raschid in diesen neuen menschlichen Gestalten in Europa begründet haben.

Wir sehen, wie dagegen wirkt, was sich erst vorbereitet, dann wirklich geschieht, aber später geschieht. Denn dasjenige, was in Baco von Verulam, was in Amos Comenius später herausgekommen ist, es hat geistig vorher lange gewirkt von der geistigen Welt herunter, denn es hatte ganz besonders intensive Formen angenommen durch dieses übersinnliche Konzil 869.

Dagegen wirkt nun auch der andere Pol, der Pol, den nun Alexandertum und Aristotelismus für das Christentum angenommen haben. Das prägte sich zunächst aus in den mannigfaltigsten Influenzierungen, die stattfanden an einsamen Stätten der Pflege christlichen Geisteslebens. Namentlich sehen wir eine solche Stätte in der hier schon öfter für einzelne, aber nicht für alle, die da sind, genannten Schule von Chartres. Die Schule von Chartres, die namentlich im zwölften Jahrhundert blühte, hatte einen großartigen spirituellen Einschlag. Sylvester von Chartres, Alanus ab Insulis, andere Geister, die in irgendeiner Weise mit der Schule von Chartres in Zusammenhang standen oder wie Alanus ab Insulis oder Sylvester in ihr lehrten, sie hatten viel in sich von alter Initiatenweisheit, wenn sie auch nicht selber im wahren Sinne des Wortes voll Initiierte genannt werden können. Die Bücher, die von ihnen herrühren, sehen wie Kataloge von Worten aus. Aber es war dazumal nicht möglich, dasjenige, was man dem vollen Leben geben wollte, in Büchern anders anzubringen als in voller Rhetorik, als eine Art Wortkatalog. Aber wer zu lesen versteht, der liest gerade in diesen Büchern dasjenige, was in einer glänzenden, wunderbar spirituell durchdrungenen Weise von den großen Lehrern von Chartres zahlreichen Schülern gelehrt worden ist.

Da glänzte wirklich ein spiritueller Stern über dem europäischen Geistesleben in dieser Schule von Chartres, dem Ort, an dem ja heute noch die architektonisch wunderbar gestalteten Kathedralen sind, die das Werk von Jahrhunderten in feiner Ausgestaltung zeigen.

Auch an manchen anderen Orten lebte dasjenige, was da spirituelles Leben war: eine Einsicht in die Natur, aber eine andere Einsicht, eine spirituellere Einsicht, als die später gekommene ist, ein geistiges Leben, das auch auf geistigem Wege gewirkt hat. Es ist ja interessant, was dieses geistige Leben, dieses spirituelle Leben in der mannigfaltigsten Weise ausgestrahlt hat. Wir können an einzelnen Orten Frankreichs verfolgen, wie an den hohen Schulen, von Chartres ausgehend, durch Frankreich hindurch, nach Südfrankreich herein, bis nach Italien herüber, auch im Lehren der Geist von Chartres lebte. Aber er lebte auch auf spirituelle Art selber.

Es ist ja interessant, daß Brunetto Latini, der eine Zeitlang Gesandter in Spanien war, als er wieder zurückging und von dem Unglücke seiner Vaterstadt Florenz aus der Ferne schon hörte, dadurch eine starke seelische Erschütterung erlitten hat, die zusammenfiel mit einem leisen Sonnenstich, den er bekommen hatte. In solcher körperlicher Verfassung ist der Mensch leicht spirituellen Einflüssen, die sich auf spirituelle Art verbreiten, zugänglich. Es ist ja bekannt, wie Brunetto Latini auf seinem Wege nach Florenz geradezu eine Art von elementarischer Einweihung erlebte. Er wurde der Lehrer Dantes. Die Spiritualität der «Commedia» ist herrührend von den Lehren, die Brunetto Latini Dante, seinem Schüler, gegeben hat.

In all dem lebt eben dasjenige, was, ich möchte sagen, übersinnlich ausgemacht worden ist auf dem übersinnlichen Konzil 869.

Denn die Inspiration zu den Lehren von Chartres, die Inspiration für Brunetto Latini, auch die Inspiration für Dante, so daß in Dantes Gedichtwerk Kosmisches leben konnte, all das hängt zusammen mit dem Impuls, der von dieser übersinnlichen Versammlung ausgegangen war im neunten nachchristlichen Jahrhundert.

Wenn man in diese Dinge hineinschaut, zusammen erblickt das ganze europäische Geistesleben aus der alten Alexanderzeit, in der Zeit des Mysteriums von Golgatha, bis herein in diese Zeiten, bis zur Schule von Chartres, und wenn man es weiter verfolgt in die folgende Zeit hinein – wir werden das noch sehen –, wenn man da ineinanderschaut, was übersinnlich sich abspielt, mit dem, was hier unten sein Schattenbild in der physischen Welt ist, dann beginnt man dasjenige, was man heute Michaelströmung nennen soll, erst wirklich zu begreifen, zu begreifen, was die Michaelströmung will.

Man kann dann hineinsehen in das, was im Sinne der Michaelströmung die anthroposophische Bewegung will. – Davon wollen wir dann das nächste Mal weiter sprechen.

VIERTER VORTRAG

Dornach, 12. September 1924

Wenn wir ein vom Geistesleben durchflossenes menschliches Denken und Handeln wiederum haben wollen, dann wird es notwendig sein, solche Anschauungen von der geistigen Welt, wie sie in den letzten Vorträgen durch unsere Seele gezogen sind, in vollem Ernste wiederum aufzunehmen, nachdem sie jahrhundertelang eigentlich gerade der zivilisierten Menschheit gefehlt haben.

Wenn wir in verschiedene Epochen menschlicher Geschichtsentwickelung zurückblicken, so werden wir in älteren Zeiten sehen, wie menschliches Handeln auf Erden überall angeknüpft worden ist an dasjenige, was im Übersinnlichen sich vollzieht. Nicht als ob etwa bei dem weitaus größten Teil der Menschheit in der letzten Zeit ein gewisses abstraktes Bewußtsein vom Übersinnlichen gefehlt hätte; das soll nicht gesagt werden. Wohl aber hat der Mut gefehlt, dasjenige, was im Irdischen konkret geschieht, auch an konkrete Gestaltungen des geistigen Lebens und Webens anzuknüpfen.

Mit solchen Betrachtungen, wie wir sie nun angestellt haben, kommen wir wieder dazu. Namentlich kommen wir dazu, wenn wir das irdische Leben der Menschen, so wie es ja hier geschehen ist, in Zusammenhang zu bringen vermögen mit dem Leben zwischen dem Tode und einer neuen Geburt und wenn wir vermögen anzuknüpfen das, was in einem Erdenleben geschieht, an dasjenige, was in den aufeinanderfolgenden Erdenleben sich vollzieht.

Wir haben nun damit begonnen, jene geistig-übersinnliche Strömung zu betrachten, von der ich sagen durfte, daß sie mit unserer gegenwärtigen Michaelströmung, in deren Dienst sich die Anthroposophie gestellt hat, zusammenhängt. Damit haben wir uns auf den Weg begeben, der in gewissem Sinne an das Karma der anthroposophischen Bewegung selbst herankommen soll und damit auch an das Karma der einzelnen Persönlichkeiten, die in ehrlicher Weise, das heißt aus einem selbstverständlichen Trieb ihres Inneren heraus, das Leben ihrer Seele, ihres Geistes vereinigen können mit der anthroposophischen Bewegung.

Und ich habe darauf aufmerksam gemacht, wie gewissermaßen unter der Ägide der Michaelmacht ein übersinnliches Ereignis in derselben Zeit stattgefunden hat, in welcher auf Erden 869 jenes Konzil stattgefunden hat, durch welches das ganze Mittelalter in seinem Zivilisationsleben tief beeinflußt worden ist. Man muß nur die tiefe Scheu beobachten, mit der erleuchtete Geister des Mittelalters es vermieden, von dem dreigliedrigen Menschen nach Leib, Seele und Geist zu sprechen. Denn es hat eben dieses achte allgemeine Konzil in Konstantinopel die Lehre vom dreigliedrigen Menschen als ketzerisch, als häretisch erklärt, und bei der Macht, welche solche geistigen Verfügungen im Mittelalter hatten, ist es einleuchtend, daß nun eigentlich das ganze geistige Leben in gewisser Beziehung hier auf Erden unter dem Schatten dieser Verketzerung der sogenannten Trichotomie verläuft.

Aber um so intensiver ist eigentlich dasjenige Geistesleben, das seit langer Zeit daran arbeitet, die Michaelströmung für das zwanzigste Jahrhundert vorzubereiten, die Michaelströmung, in der wir seit dem letzten Drittel des neunzehnten Jahrhunderts stehen und in der wir als Menschheit drei bis vier Jahrhunderte stehen werden. Wir wollen heute auf den Fortgang dieser Strömung, die wir ja zu betrachten begonnen haben, hinweisen, um dann übermorgen, am nächsten Sonntag, mehr an dasjenige heranzukommen, was auf der einen Seite mit dem Karma der anthroposophischen Bewegung, auf der anderen Seite mit dem Geistesleben der Gegenwart karmisch zusammenhängt.

Ich habe gesagt, daß bei einer Art übersinnlichen, überirdischen Konzils in derselben Zeit, als das achte allgemeine Konzil in Konstantinopel stattgefunden hat, sich die Individualitäten Harun al Raschids und seines weisen Ratgebers, aber auch die Individualitäten Alexanders und Aristoteles' getroffen haben; daß sich da auch eingefunden haben einige Individualitäten aus der Zeit, in welcher der Dienst des Artus stattgefunden hat, und ich habe auseinandergesetzt, wie das alles unter der Ägide Michaels stattgefunden hat.

Dann habe ich darauf aufmerksam gemacht, wie Harun al Raschid wiedererscheint – herübertragend nach Europa orientalisches Geistesleben mit einer unchristlich gewordenen aristotelischen Lehre –, wie Harun al Raschid erscheint als Lord Bacon, als Baco von Verulam, der einen großen Einfluß auf das Geistesleben Europas hatte, aber einen Einfluß, der sich durchaus im materialistischen Sinne bewegt. Und ich habe darauf aufmerksam gemacht, wie der Ratgeber Harun al Raschids, den ich charakterisiert habe, wiederum erscheint als *Amos Comenius,* von dem ja mit Recht in einem guten Sinne viel geredet wird, der aber doch auch die Seite hat, daß er in dem Bestreben, anschauliche Bildlichkeit in den Unterricht hineinzubringen, den Materialismus dadurch gefördert hat, daß er im Grunde genommen die unmittelbar sinnliche Anschaulichkeit scharf betont hat.

Da sehen wir gewissermaßen ins Erdenleben Ende des sechzehnten Jahrhunderts, Anfang des siebzehnten Jahrhunderts diejenige Strömung hereinbrechen, welche nicht in der geradlinigen Fortsetzung des Christentums liegt, welche ein dem Christentum fremdes Element in die europäische Geistesentwickelung hineinbringt. Aber auf der anderen Seite wirken ja weiter, und zwar jetzt in übersinnlichen Welten, die mit der Michaelströmung verbunden bleibenden Individualitäten Aristoteles', Alexanders, alle diejenigen, welche dazugehören.

Aber außerdem wirkt innerhalb dieser Strömung, zum Teil in übersinnlichen Welten, zum Teil auch auf Erden selber, etwas durch gewisse Persönlichkeiten, welche im Zusammenhange mit diesen übersinnlichen Strömungen standen, da sie zwischen Tod und neuer Geburt waren, Individualitäten, die dann als Persönlichkeiten auf der Erde im Laufe der nächsten Jahrhunderte erschienen; Individualitäten, die weniger an den Alexandrinismus, an den Aristotelismus anknüpfen, die an Plato und an alles dasjenige anknüpfen, was aus Platos Anschauung geworden ist.

Namentlich sehen wir in den auf das neunte Jahrhundert folgenden Jahrhunderten platonisch gerichtete, platonisch orientierte Geister auf die Erde heruntersteigen. Und das sind ja diejenigen, welche eine von dem offiziellen Christentum, von dem offiziellen Katholizismus als häretisch angesehene christliche Lehre, die aber die wahrere christliche Lehre war, im Mittelalter fortgesetzt haben. Die Individualitäten, die den christlichen Aristotelismus fortsetzten, sie blieben zunächst in geistigen Welten zurück, denn auf der Erde war im neunten, zehnten, elften, zwölften Jahrhundert, nach den Zivilisationsbedingungen, die gegeben waren, keine rechte Anknüpfung für diese Geistesströmung. Dagegen konnten sich, man möchte sagen, in gewissen isolierten Geistesbezirken mit ganz besonderer Intensität diejenigen entwickeln, die mehr platonisch gesinnt waren. Man findet eingestreut in dem offiziell sich immer mehr und mehr verbreitenden katholisch gefärbten Christentum da und dort Persönlichkeiten in Schulen, welche alte Mysterientradition fortsetzen und das Christentum beleuchten mit diesen alten Mysterientraditionen. Und eine Stätte, in die dann alles dasjenige eingeflossen ist, was als solche Traditionen fortgesetzt worden ist, ist ja die von mir in der letzten Zeit öfter genannte, durch und durch spirituelle Schule von Chartres, innerhalb welcher solche Geister wie Bernhardus Sylvestris, Alanus ab Insulis und andere gewirkt haben.

Was ist da eigentlich für ein Geistesleben zur Entwickelung gekommen, das zuletzt eingelaufen ist in diese merkwürdige, der Menschheit eigentlich nur äußerlich bekannte Schule von Chartres? Das ist ein Geistesleben, welches im Grunde genommen völlig verschüttet ist in der neueren Zeit, ein Geistesleben, in dem noch alte Mysterientraditionen fortgepflanzt werden. Insbesondere finden wir innerhalb dieses Geisteslebens überall, daß eine Anschauung von der Natur herrscht, die tief geistig durchdrungen ist, eine Anschauung von der Natur, welche noch total verschieden ist von dieser abstrakten Naturanschauung, die dann später alle Kreise bewegte, jener abstrakten Naturanschauung, die nur in Gedanken ausdrückbare Naturgesetze kennt.

Dasjenige, was die Geistesströmung, auf die ich hindeute, aus der Natur in die Seele aufgenommen hat, war etwas durchaus Geistgemäßes, war so, daß überall in der Natur nicht bloß abstrakte, tote, begriffliche Naturgesetze gesehen wurden, sondern lebendiges

Wirken und Weben. Man hat noch wenig auf dasjenige gesehen, was später für die Menschen so bewundernswert geworden ist: auf unsere heutigen chemischen Elemente. Man hat aber um so mehr auf dasjenige gesehen, was man im alten Sinne die Elemente genannt hat: Erde, Wasser, Luft, Feuer. In dem Augenblicke, wo man aber diese Elemente kennt nicht durch bloße Tradition in Worten, sondern durch eine Tradition, die noch imprägniert ist von den ältesten der Mysterien, in demselben Momente sieht man dasjenige, was zwar nicht vorhanden ist in unseren siebzig bis achtzig chemischen Elementen, was aber in jenen vier Elementen vorhanden ist: die Welt der elementarischen Geistigkeit, die Welt gewisser Elementarwesen, in die man sich sogleich vertieft, wenn man in diese Elemente sich einlebt.

Und dann sieht man, wie der Mensch selber in bezug auf seine äußere Leiblichkeit teilnimmt an diesem Leben und Weben von Erde, Wasser, Luft, Feuer, wie das in ihm organische Gestalt wird. Und dann sahen diejenigen, die so hineinschauten in das Leben und Weben der Elemente, nicht Naturgesetze in dem Weben und Leben von Erde, Wasser, Feuer, Luft, sondern sie sahen hinter diesem Weben eine große, lebendige Wesenheit, die Göttin Natura. Und sie bekamen aus der Anschauung das unmittelbare Gefühl, daß diese Göttin Natura nur einen Teil ihres Wesens dem Menschen zunächst zuwendet, daß sich der andere Teil ihres Wesens verbirgt in derjenigen Welt, die der Mensch im Schlafe zwischen Einschlafen und Aufwachen zubringt, wo Ich und astralischer Leib in einer der Natur zugrunde liegenden Geistumgebung sind, wo Ich und astralischer Leib zusammen sind mit den Elementarwesen, die den Elementen zugrunde liegen. Und wir finden in diesen isolierten Geistesstätten und Schulen, auf die ich hingedeutet habe, überall Lehrer größerer oder kleinerer Menschengruppen, welche davon sprechen, wie die Göttin Natura in den äußeren Erscheinungen, die sich den Menschen im Wachzustande zeigen, einen Teil ihres lebenden und webenden Wesens zeigt, wie aber in allem elementarischen Wirken, in Wind und Wetter, in alledem, was den Menschen umgibt und den Menschen konstituiert, mitwirkt dasjenige, was der

Mensch nicht schauen kann, sondern was sich ihm in der Finsternis des Schlafes verbirgt.

So empfanden diese Gelehrten der damaligen Zeit die große Göttin Natura als diejenige, die in der Hälfte der Zeit heraufsteigt und sich im äußeren Weben der Sinnesnatur zeigt; aber auch als diejenige, die hinuntersteigt allnächtlich, alljährlich hinuntersteigt, in den Gefilden wirkt und webt, die sich dem Menschen durch das Schlafbewußtsein verbergen. Und das war die gerade Fortsetzung jener Anschauung, die in den alten Mysterien vorhanden war als die Anschauung der Proserpina.

Sie müssen nur bedenken, was das bedeutet. Wir haben heute eine Naturanschauung, die aus Gedanken gewoben ist, die in Naturgesetzen besteht, die abstrakt spricht und denkt, in der nichts Lebendes ist. Dazumal war noch eine Naturanschauung, wo man die Natur in einer ähnlichen Weise anschaute, wie man die wirkende Göttin Proserpina, die Tochter der Demeter, anschaute. Und in den Vorstellungen, die in jenen Schulen als die richtigen übermittelt wurden, als die aus der noch lebendigen Tradition herauskommenden, waren viele Aussprüche und Ausdrücke, die sich genau als die Fortsetzungen desjenigen zeigten, was man in den alten Mysterien über Proserpina sagte.

Wenn man den Menschen zum Begreifen seines Seelenlebens von dem Begreifen seines körperlichen Lebens aus führen wollte, machte man ihm folgendes klar: Du bestehst in bezug auf dein Leibliches aus den Elementen, in denen die Elementarwesen mitweben, aber du trägst in dir die Seele; die steht nicht unter dem Einfluß dieser Elemente allein, sondern beherrscht im Gegenteil die Organisation der Elemente in dir; sie steht, diese Seele, unter dem Einflusse der planetarischen Welt des Merkur, des Jupiter, der Venus, unter dem Einfluß von Sonne und Mond, Saturn, Mars. – Der menschliche Blick wurde hinaufgelenkt, wenn Psychologie studiert werden sollte, zu den Geheimnissen der planetarischen Welt. Da erweiterte sich dasjenige, was Menschenwesen war, vom Leiblichen ins Seelische hinein, aber in der Anschauung der Zusammengehörigkeit mit der Welt, von dem Wirken und Weben der Elemente Erde, Wasser, Luft, Feuer zu demjenigen, was in ihrem Kreisen, in ihrem Scheinen, in ihrem Lichtwirken, in ihren geheimnisvollen okkulten Wirkungen die Planeten im menschlichen Seelenleben taten. Und von der Göttin Natura, der früheren Proserpina, wendete man sich hinauf zu den Intelligenzen, zu den Genien der Planeten, zu denen man aufschaute, wenn man das menschliche Seelenleben begreifen wollte.

Und dann, wenn es sich darum handelte, das geistige Leben zu begreifen – denn die Lehrer dieser isolierten Schulen hatten sich nicht von der Betrachtung des Geistes abbringen lassen durch das Dogma des achten Konstantinopeler Konzils –, wenn es sich darum handelte, das geistige Leben zu begreifen, dann wendete man den Blick hinauf zu den Fixsternen, zu ihren Konfigurationen, insbesondere zu dem, was sich darstellt in dem Tierkreise. Und man begriff dasjenige, was der Mensch als Geist in sich trug, aus der Konstellation, dem Scheinen und den in den Fixsternen gewußten geistigen Mächten heraus.

So begriff man aus der Welt, aus dem Kosmos den Menschen. So war da in Wirklichkeit der Makrokosmos und der Mikrokosmos, der Mensch. Das war die Lehre von der Natur in der damaligen Zeit. Sie wurde begeistert in isolierten Schulen, aber auch von einzelnen, die da oder dorthin zerstreut waren, der Menschheit dargeboten. Und sie wurde dann wie in einer Art von Kulmination in wunderbarer Weise von solchen Persönlichkeiten wie Bernhardus Sylvestris, Alanus ab Insulis und anderen in der Schule von Chartres vorgebracht.

Diese Schule von Chartres, sie ist eigentlich etwas ganz Wunderbares. Wenn man heute die Schriften in die Hand bekommt –, ich sagte schon, sie nehmen sich aus wie Kataloge von Namen. Aber es war in der damaligen Zeit eben nicht üblich, in anderer Weise als in, ich möchte sagen, solch katalogisierender Art zu schreiben über dasjenige, was man in lebendiger Geistigkeit haben wollte. Derjenige aber, der solche Dinge lesen kann, der namentlich in der Anordnung der Dinge lesen kann, der nimmt schon wahr, wie dasjenige, was herrührt von den Lehrern der Schule von Chartres, von alter Spiritualität durchdrungen ist. Die tiefe Spiritualität der Schule wirkte aber nicht nur dadurch, daß gelehrt wurde und daß zahlreiche Schüler da waren, die wiederum hinaustrugen, was sie gelernt hatten, sondern sie wirkte direkt auf spirituelle Art. Sie wirkte so, daß auch in der geistigen Atmosphäre der Menschheit auf okkulte Weise dasjenige ausgestrahlt wurde, was an lebendiger Geistigkeit in Chartres lebte. Deshalb sehen wir durch Frankreich hindurch bis nach Italien hinein die Geiststrahlen dieser Schule von Chartres. In verschiedenen Schulen, die dem äußeren Namen nach in der Geschichte bekanntgeworden sind, wurde aber solch eine Naturlehre gelehrt, wie ich sie angedeutet habe.

Das ist eben ein konkreter Fall: Als Brunetto Latini, der Lehrer Dantes, von seinem spanischen Gesandtschaftsposten zurückkehrte und einen leisen Sonnenstich und einen großen Schreck in der Nähe seiner Vaterstadt Florenz erlebte, da wurde er zugänglich für die okkulten Ausstrahlungen der Schule von Chartres. Er erlebte dasjenige, was er dann selber so darstellt, daß er, indem er sich seiner Vaterstadt Florenz näherte, in einen tiefen Wald kam, wo er zunächst drei Tieren begegnete, wo er dann begegnete der Göttin Natura, welche aufbaue die Reiche der Natur in der Weise, wie es durch Jahrhunderte gelehrt wurde, wie ich es angedeutet habe. Er aber schaute das; in diesem halbpathologischen Zustand, der aber bald vorüberging, wurde ihm das Anschauen dessen, was in den Schulen gelehrt wurde. Und er schaute dann, nachdem er die Göttin Natura, die Nachfolgerin der Proserpina, in ihrer Arbeit gesehen hatte, wie der Mensch sich aufbaut aus den Elementen, wie die Seele webt in den Kräften der Planeten; er wird bis in den Sternenhimmel hinauf mit seinen Gedanken geführt. Er erlebt in eigener Person diese ganze gewaltige mittelalterliche Wissenschaft.

Brunetto Latini ist der Lehrer von Dante. Wäre er es nicht gewesen, hätte er nicht dasjenige, was er in einer so majestätischen Schauung empfangen hat, seinem Schüler Dante überliefert, wir hätten die «Commedia» nicht, denn die ist der Abglanz der Lehre von Brunetto Latini aus Dantes Seele. Sehen Sie, es war jetzt keine andere Möglichkeit, als daß gewirkt wurde mit solchen Dingen innerhalb der damals gegenüber der späteren noch viel freieren kirchlichen Einrichtung, und wir sehen ja, wie alle diese Lehrer von Chartres Ordensgeistliche sind. Wir sehen sie das Zisterzienserkleid tragen. Wir sehen sie mit den besseren Strömungen innerhalb des christlichen Ordenslebens zusammenhängen.

Nun kam eine eigentümliche Phase der Entwickelung. Während dieser ganzen Zeit, in der sozusagen die Platoniker auf die eben geschilderte Art gewirkt hatten, konnten die Aristoteliker auf der Erde nicht wirken. Es waren eben nicht die Bedingungen da. Aber sie bereiteten dafür im übersinnlichen Leben die Michaelströmung vor. Sie standen von der übersinnlichen Welt aus auch in einem fortwährenden Zusammenhang mit den Lehrern, die in der gleichen Richtung wirkten, die dann nach Chartres hin sich zogen. Dann aber fand, während die Blüte der Schule von Chartres Ende des elften Jahrhunderts, im zwölften Jahrhundert war – man muß diese Dinge mit irdischen Bezeichnungen belegen, obwohl natürlich diese irdischen Bezeichnungen nicht stimmen und man sich über sie leicht lächerlich machen kann –, es fand eine Art übersinnlicher Besprechung statt zwischen denjenigen Seelen, die hinaufstiegen in die übersinnliche Welt durch die Pforte des Todes aus der Strömung von Chartres heraus, zwischen den Platonikern und denen, die oben geblieben waren, den Aristotelikern, den Alexandrinern, eine Besprechung, welche um die Wende des zwölften und des dreizehnten Jahrhunderts im Mittelalter liegt, ein Ausgleich, wie fernerhin zu wirken sei.

Das führte dazu, daß, da nun andere Bedingungen eingetreten waren im Geistesleben der europäischen Menschheit, die Platoniker, die zuletzt in Chartres ihre grosse Wirksamkeit entfaltet hatten und in der übersinnlichen Welt waren, ihre Mission übertrugen auf die Aristoteliker. Und diese stiegen nun herunter in die physische Welt, um so fortzusetzen, wie sich eben fortsetzen ließ dasjenige, was ich nennen möchte den kosmischen Michaeldienst.

Wieder finden wir diejenigen, welche in diesem mehr aristotelisch gefärbten Sinne wirkten, innerhalb des Dominikaner-Ordens in der mannigfaltigsten Weise wirksam. Es lösten sozusagen für das

Erdenwirken die Seelen der Aristoteliker die Seelen der Platoniker ab, und es entwickelte sich dasjenige, was ja heute eigentlich nur innerhalb der anthroposophischen Bewegung wirklich gewürdigt wird – ich habe hier einmal einen Vortragszyklus über die Scholastik in ihrer wahren Gestalt und Herkunft gehalten –, es entwickelte sich die Scholastik des Mittelalters, jene Lehre, welche in einer schon dem Materialismus zueilenden Zeit festhalten wollte, was an Geistigkeit in den menschlichen Anschauungen festgehalten werden kann.

Noch bevor Baco von Verulam und Comenius auf der Erde erschienen, wird in der Scholastik an der Fortsetzung des Michaeldienstes gearbeitet. Wir sehen, wie in der Scholastik gerettet werden soll, in der sogenannten realistischen Schule gerettet werden soll der Ursprung dessen, was der Mensch in seinen Gedanken trägt für die Geistigkeit. Geistige Realität wird von den realistischen Scholastikern demjenigen zugeschrieben, was der Mensch durch seine Gedanken erfaßt, geistige Realität. Es ist eine dünne Geistigkeit, die da gerettet werden konnte, aber es ist Geistigkeit.

Es ist schon so, meine lieben Freunde, daß das spirituelle Leben in der Welten-Entwickelung sich so fortsetzt, daß man, wenn man es in seiner Realität überblickt und die Initiationswissenschaft besitzt, gar nicht anders kann, als Physisches oder solches überhaupt, das sich in der physischen Historie auf der Erde abspielt, zusammenzuschauen mit dem, was aus dem Geistigen geistig dieses Physische durchdringt. Man kommt zu einer einheitlichen Anschauung, wie zuerst die platonischen Seelen wirken bis nach Chartres hin, wie dann die aristotelischen Seelen wirken. Man schaut zuerst die aristotelischen Seelen, wie sie inspirierend wirken von der übersinnlichen Welt nach den Lehrern hin, die als platonische Seelen auf der Erde leben, dort wirken, lehren, auf der Erde im Erdenverstande Wissenschaft ausbilden. Man schaut hinein in dieses Getriebe, sieht, wie der Lehrer von Chartres auf dem Erdenboden wandelt, seine von Schauungen durchdrungenen Studien absolviert und der inspirierende Strahl von der aristotelischen Seele vom Überirdischen hereinfällt und dasjenige in die richtigen Bahnen bringt, was platonisch gefärbt ist. Man bekommt dann eine ganz andere Anschauung von dem Leben, als sie sehr häufig vorhanden ist. Denn in dem äußeren Leben unterscheidet man so gern Platoniker und Aristoteliker wie Gegensätze. Das ist ja in der Wirklichkeit gar nicht so. Die Zeitepochen der Erde erfordern, daß bald im platonischen, bald im aristotelischen Sinne gesprochen werde. Aber wenn man das übersinnliche Leben im Hintergrunde des sinnlichen Lebens überschaut, so befruchtet das eine das andere, steckt das eine in dem anderen darinnen.

Und wiederum, als innerhalb der Dominikaner die Aristoteliker lehrten, da waren die nunmehr in der geistigen Welt weilenden platonischen Seelen, nachdem sie sich verständigt hatten mit den später heruntergekommenen aristotelischen Seelen, die inspirierenden Genien. Das Leben war überhaupt anders in jener Zeit. Ob man das heute glaubt oder nicht, es war so, daß wenn man geistig auf diese Zeiten hinschaut, man solch einen Geist wie Alanus ab Insulis in seiner einsamen Zelle sitzend findet, seinen Studien ergeben, einen Geistbesuch empfangend aus der übersinnlichen Welt, der sich zu ihm gesellt und der eine aristotelische Seele ist. Ja, es ist ein starkes Bewußtsein vorhanden – auch dann, als im Dominikaner-Orden die Aristoteliker erscheinen –, ein starkes Bewußtsein von der Zugehörigkeit zu der geistigen Welt. Das kann einem aus solchen Tatsachen hervorgehen: Einer der Dominikaner-Lehrer steigt in das physische Erdenleben früher herunter als eine andere Seele, mit der er verbunden ist; diese bleibt in der geistigen Welt zunächst zurück, um etwas, was dort zunächst absolviert werden mußte, etwas später zu dem, der früher heruntergekommen ist, hinunterzutragen, um dann mit dem früher Geborenen wiederum zusammenzuwirken. Und das geht in Bewußtheit vor sich. Man weiß sich mit seinem Wirken, mit seiner Arbeit zusammenhängend mit der geistigen Welt.

Das alles hat die spätere Geschichte ausgelöscht. Aber Wahrheit über das geschichtliche Leben muß man ja nicht aus den Dokumenten der neueren Zeit ablesen wollen, sondern aus dem Leben. Und man muß einen unbefangenen Blick für das Leben haben.

Man muß das Leben auch da sich entfalten sehen, wo es innerhalb vielleicht recht wenig sympathischer Kreise sich entwickelt als etwas, was durch das Karma eben hineingestellt ist in diese Kreise, was aber innerlich etwas ganz anderes bedeutet.

Solches Lesen in den Ereignissen, meine lieben Freunde, trat mir wirklich im Verlaufe meines Lebens in ganz merkwürdiger Weise entgegen. Und jetzt schaue ich auf manches erst, mit den Blicken es durchdringend, was in deutlicher Weise wie eine okkulte Schrift mir im Verlaufe des Lebens entgegengetreten ist. Karma webt und wirkt ja in recht geheimnisvoller Weise gerade für die bedeutsamsten Dinge, die man erlebt. Und ich möchte sagen: Es liegt ja auch ein eigentümliches Karma dem zugrunde, daß ich heute, und zu anderen Zeiten an anderen Orten, gerade jetzt in dieser Zeit über solche Dinge spreche wie über die Schule von Chartres und über alles dasjenige, was ihr vorangegangen ist, alles dasjenige, was ihr folgt. Denn gerade die hervorragendsten Menschen, die in der Schule von Chartres gelehrt haben, gehörten dem Zisterzienser-Orden an.

Nun ist der Zisterzienser-Orden, so wie die anderen Orden innerhalb der katholischen Entwickelung, dekadent geworden, aber in diesem Dekadentwerden liegt ja viel Äußerlichkeit. Die Individualitäten, sie stecken zuweilen, indem sie alte, auch für die Anthroposophie außerordentlich wertvolle Richtungen fortsetzen, in Zusammenhängen drinnen, zu denen sie eigentlich nicht gehören; jedoch das Leben, das Karma bringt sie hinein. So mußte ich es immer merkwürdig finden, daß – von meiner ersten Jugend an bis in eine gewisse Zeit – an mich immer etwas herangetreten ist vom Zisterzienser-Orden. Ich kam ja, als ich die Volksschule hinter mir hatte, nur dadurch, daß ich aus den Gründen, die ich in meinem Lebensgang auseinandergesetzt habe, von meinen Angehörigen in die Realschule verwiesen wurde, nicht in das Gymnasium kam, – nur knapp daran vorbei, Schüler zu werden eines Zisterzienser-Ordensgymnasiums. Es war eigentlich ganz selbstverständlich, daß ich das hätte werden sollen. Ich wurde es nicht, natürlich auch aus guten karmischen Gründen.

Aber die Realschule, an der ich war, war ja nur fünf Schritte vom Zisterzienser-Ordensgymnasium entfernt. Man lernte alle diese dazumal eigentlich noch ganz ausgezeichnet wirkenden Zisterzienser-Lehrer kennen. Man braucht nicht vom Orden zu sprechen, sondern von den einzelnen Individualitäten. Ich denke heute noch mit einer tiefen Befriedigung an einen solchen Zisterzienser-Ordenspriester, der an jenem Gymnasium deutsche Literatur mit einschneidender Begeisterung lehrte, und ich sehe sie vor mir in allen ihren Individualitäten, in jener Straße, die man in Wiener-Neustadt die Alleegasse nennt, wo die Professoren immer spazieren gingen, bevor die Schule anfing: diese Zisterzienser-Ordenspriester im Zivilkostüm, ungeheuer begabte Leute. Und da ich mich in jener Zeit viel mehr damit beschäftigte, am Ende des Schuljahres die Programm-Aufsätze der Professoren zu lesen als die Schulbücher während des Schuljahres, so las ich wirklich mit eifriger Hingebung dasjenige, was in dem Schulprogramm dieses Wiener-Neustädter Gymnasiums diese Zisterzienser als ihre eigene Weisheit niederschrieben. Kurz, der Zisterzienser-Orden war mir nahe. Und ganz gewiß: wäre ich ins Zisterzienser-Gymnasium gekommen – das sind natürlich Hypothesen, wie man sie nur zur Beleuchtung aufstellen kann –, ich wäre selbstverständlich Zisterzienser geworden.

Nun ging's in Wien weiter – ich habe das alles in meinem Lebensgang erzählt. Nach einiger Zeit kam ich in den Kreis, der um delle Grazie sich versammelte, in dem viele von den Theologie-Professoren der theologischen Fakultät in Wien verkehrten. Ich wurde mit manchen sehr intim bekannt. Es waren alle da Wirkenden Mitglieder des Zisterzienser-Ordens. Ich kam wieder mit den Zisterziensern zusammen. Und ich habe durch dasjenige, was gegenwärtig durch den Zisterzienser-Orden strömt, gewissermaßen mancherlei zurückverfolgen können.

Ich möchte, um Ihnen zu zeigen, wie Karma wirkt, auf ein Ereignis hinweisen. Ich hielt einen Vortrag, und ich war ja durch die – «five-o'clock teas» sind's in England, in Wien «jour-Tage» – ich war ja durch die «jour-Tage» bei delle Grazie sehr gut bekannt geworden mit den dort verkehrenden Professoren der theologischen

Fakultät, den Zisterziensern. Ich hielt einen Vortrag. Es war ein Zisterzienser-Ordenspriester da, einer, der ein ganz besonders ausgezeichneter Mensch war, und als ich meinen Vortrag beendet hatte, sagte er etwas ganz Eigentümliches, etwas, das ich nur in der Form andeuten möchte: Er brachte mir ein Wort entgegen, in dem gelegen war seine Erinnerung an ein Zusammensein von ihm mit mir in einem früheren Erdenleben.

Solche Dinge sind schon erziehend für das Leben. Es war im Jahre 1889. Gewiß, ich konnte nur die Äußerlichkeiten dieser Dinge im «Goetheanum» erzählen, und die Aufsätze werden ja als Buch erscheinen, mit Anmerkungen, in denen dann auch das Innerliche berücksichtigt werden wird.

Nun, sehen Sie, hier haben Sie etwas von den karmischen Gründen, die dazu führten, daß ich überhaupt in dieser Form sprechen kann über diese Geistesströmungen. Dafür kann ja die Vorbereitung nur im Leben liegen, nicht im Studium.

Nun zeigte ich also, wie zusammenwirkte die platonische, die aristotelische Strömung. Dann gingen auch die Aristoteliker wiederum durch die Pforte des Todes. Und es kam ja im Zeitalter der Bewußtseinsseele zunächst auf Erden immer mehr und mehr der Materialismus herauf. Aber gerade in der Zeit, als der Materialismus auf Erden seinen Anfang nahm, da wurde begründet – wie gesagt, man muß diese Dinge mit Trivial-Terminologie belegen –, da wurde begründet in übersinnlichen Welten eine Art Michael-Schule, eine ausgebreitete Michael-Schule, in der vereinigt waren Geister wie Bernardus Silvestris nach dem Tode, Alanus ab Insulis, aber auch wiederum Aristoteles und Alexander; in der vereinigt waren menschliche Seelen, die dazumal nicht auf Erden verkörpert waren, mit geistigen Wesenheiten, die ihr Leben absolvieren, ohne auf Erden verkörpert zu sein, die aber verbunden sind mit Erdenseelen, Michael selber als der Lehrer, zurückschauend auf alles dasjenige, was die großen Lehren der alten Mysterien waren, eine wunderbare Überschau haltend über die Geheimnisse der alten Mysterien, aber zu gleicher Zeit einen gewaltigen Ausblick gebend über dasjenige, was geschehen soll.

Und sehen Sie, in irgendeiner Form findet man gewisse Seelen, die in vielen Erdenleben sich mehr oder weniger zusammengefunden haben innerhalb dieser Scharen, an dieser übersinnlichen Schule im vierzehnten, fünfzehnten Jahrhundert teilnehmend, Scharen von Seelen, die heranstreben zur Michael-Strömung, Seelen, welche in ihre Willensimpulse dasjenige aufnehmen, was man nennen kann: sich verbinden wollen mit der Michael-Strömung.

Man kann nach diesen Seelen hinschauen. Man findet sie sozusagen – weil dazumal die wenigsten von ihnen auf Erden, die meisten eben in dem Leben zwischen Tod und neuer Geburt waren und teilnahmen an der übersinnlichen Versammlung dieser übersinnlichen Schule –, man findet sie dort, diese Seelen. Man findet sie dort, hinhörend auf die Michael-Lehren. Man findet sie heute wieder in denjenigen Seelen, die, auf Erden verkörpert, ein ehrliches, innerliches, aufrichtiges Streben nach der anthroposophischen Bewegung entwickeln.

In dem Karma derjenigen, die in ehrlicher, innerlich ehrlicher Weise nach der anthroposophischen Bewegung hintendieren, liegen die Impulse, die in der übersinnlichen Welt auch für das Karma studiert werden müssen. Natürlich: Daß diese Seelen durch ihr Karma getrieben wurden gerade dazumal zu einer solchen himmlischen Gemeinschaft, das hat seine Gründe darinnen, daß sie im früheren Erdenleben sich ihr Karma in der Weise gestaltet hatten, daß es sie eben dorthin geführt hat. Aber man kann ja auch das Karma von Seelen nicht erkennen, ohne daß man hinschaut nicht nur auf dasjenige, was sich auf Erden abspielt, sondern hinschaut auf dasjenige auch, was sich zwischen dem Tode und einer neuen Geburt abspielen wird.

Es ist ja das Anschauen der Welt unendlich bereichernd, wenn man, wenn ich es so ausdrücken darf, bei der Betrachtung der in der Welt wirkenden Seelen – und das sind ja zum Schluß alle Menschen – nicht immer anzufangen hat da, wo die Menschen auf die Erde hereintreten, und aufzuhören hat da, wo sie sterben; denn sie fangen da ja gar nicht an zu wirken, sie hören da ja gar nicht auf zu wirken. In dem, was sich geistig abspielt, wirken ja nicht bloß etwa diejenigen Seelen, die auf Erden heute verkörpert sind, sondern andere Seelen, die heute zwischen dem Tode und einer neuen Geburt stehen und die Strahlen ihres Wirkens hereinsenden auf die Erde. In unseren eigenen Taten liegen die Impulse solcher Seelen. Das wirkt ja alles zusammen, geradeso wie die Erdentaten sich wiederum hineinerstrecken in das Himmelsgebiet und dort weiterwirken, wie ich es an den Persönlichkeiten Capesius und Strader zum Beispiel schon im ersten Mysteriendrama bildhaft angedeutet habe.

Brunetto Latini, der Lehrer Dantes, er ist ja da. Er ist gestorben dazumal, durch die Pforte des Todes gegangen, aber das ist ja eine Lebensverwandlung. Er ist ja da. Er wirkt ja weiter, und man findet ihn, wenn man ihn geistig sucht.

Nun, dadurch vervollständigt sich das Bild der geistigen Entwickelung der Menschheit, wenn man immer die sogenannten Toten dazunehmen kann, denn sie sind ja eigentlich viel lebendiger als diejenigen, die die sogenannten Lebendigen sind. In vieler Beziehung ist ja jemand wie Brunetto Latini heute, trotzdem er nicht auf der Erde verkörpert ist, in ungeheuer vielem darinnen, was auf Erden geschieht. Sie sehen aber daraus, wie innig verbunden das Erdenleben ist mit dem übersinnlichen Leben, wie man gar nicht eigentlich reden kann von einer von der Erdenwelt, von der sinnlichen Welt getrennten übersinnlichen Welt, denn alles, was sinnlich ist, ist zu gleicher Zeit übersinnlich durchdrungen; alles, was übersinnlich ist, offenbart sich irgendwo oder irgendwann im Sinnlichen. Und aufnehmen kann man eigentlich das Erdenleben nur, wenn man diese Dinge hinter dem Erdenleben sieht.

Das, meine lieben Freunde, soll der Zug sein, der in die anthroposophische Bewegung seit der Weihnachtstagung hineingekommen ist: daß in ganz unverhohlener, unbefangener Weise mit voller Erkenntnisbesinnung von den übersinnlichen Tatsachen gehandelt wird. Das soll der esoterische Zug sein, der durch die anthroposophische Bewegung geht. Erst dadurch wird es möglich sein, der anthroposophischen Bewegung ihren wirklichen spirituellen Inhalt zu geben.

Denn sehen Sie, dasjenige, was ich Ihnen von der Michael-strömung geschildert habe, es hat sich dann fortgesetzt. Aber wenn Individualitäten wiedererscheinen auf Erden: sie sind ja darauf angewiesen, zunächst die physischen Leiber zu benutzen, die in irgendeinem Zeitalter möglich sind, sie müssen sich hineinfinden in die Erziehungsimpulse, die in irgendeinem Zeitalter da sind; das alles bildet eine äußere Bekleidung in einer materialistischen Zeit. Und unsere materialistische Zeit, sie bietet die denkbar größten Hindernisse für die Seelen, die in früheren Erdenleben viel Spiritualität gehabt haben, um diese Spiritualität hineinzutreiben in die Leiber, die noch dazu präpariert werden durch die heutigen Erziehungsmaßnahmen. So daß Sie sich nicht zu verwundern brauchen, wenn ich sage: Die ehrlich nach der Anthroposophie hinstrebenden Seelen, sie sind in der angedeuteten Weise in früheren Erdentwickelungsperioden zu finden. Und man kann nicht wirkliches Erkennen begründen, wenn man nicht dieses Zusammengreifen von allem, was in der Welt wirkt und lebt, erschauen kann. Denn geistige Forschung hängt ja durchaus wiederum am geistigen Leben; geistige Forschung macht notwendig, daß der Geist eben auf seinem Wege auch gesucht werde. Und die Wege des Geistes, sie sind in jedem Zeitalter andere. In unserem Zeitalter sind sie nur zu gehen, wenn auch der feste Boden einer geistgemäßen Erkenntnis der äußeren Natur vorhanden ist.

Es folgt ja auf das Zeitalter, das ich beschrieben habe, innerhalb der Michael-Strömung beschrieben habe, ein solches Zeitalter, das hier auf Erden einen ganz materialistischen Aspekt zeigt, alles auf materialistische Weise ausbildet. Und es entwickelt sich im Übersinnlichen die intensivste Vorbereitung der Michael-Impulse, die in diesem unserem Zeitalter gewissermaßen vom Himmel auf die Erde getragen worden sind. Und anknüpfen kann unser Zeitalter nicht an dasjenige, was in den letzten Jahrhunderten vorangegangen ist; kennen muß man das, aber anknüpfen kann es nicht daran. Anknüpfen muß man mit dem heutigen Zeitbewußtsein an dasjenige, was im Übersinnlichen sich in den letzten Jahrhunderten abgespielt hat. Da berührt man dann, indem man auf dieses hinweist, den Boden, der der Boden anthroposophischer Wirksamkeit, anthroposophischen Lebens in der Gegenwart sein muß. Und solche Anschauungen, wie diejenigen sind, die ich in diesen Stunden auseinandersetzte, sie sollen nicht bloß mit dem kalten Verstande aufgenommen werden und dem nüchternen Herzen, sie müssen aufgenommen werden mit dem ganzen, vollen Menschen, mit dem ganzen Umfange des menschlichen Gemütes. Anthroposophie kann der Menschheit nur etwas sein, wenn sie mit dem ganzen Umfange des menschlichen Gemütes aufgenommen wird. Das liegt zugrunde dem Wollen der mit der Anthroposophischen Gesellschaft vereinigten anthroposophischen Bewegung seit der Weihnachtstagung. Von dem möchte man wünschen, daß es ganz tief in die Seelen der Menschen hineingeht, die damit verbunden sind, damit sie ein Bewußtsein von demjenigen bekommen, was eigentlich mit ihrem Karma in den Tiefen der Seelen zusammenhängt.

Und damit, meine lieben Freunde, haben wir eine Art Grundlage geschaffen für das, was uns weiterführen wird das nächste Mal am nächsten Sonntag, in der Sonntags-Mitgliederversammlung, wo wir den weiteren Fortgang der Michael-Strömung und dasjenige betrachten wollen, was sich daraus für die Aufgaben der Anthroposophie, als Aufgabe des geistigen Lebens in der Gegenwart überhaupt ergibt.

FÜNFTER VORTRAG

Dornach, 14. September 1924

Ich habe heute hier die Bilder befestigen lassen, die einen Teil einer Gabe bilden, welche mir in den letzten Tagen zugekommen ist infolge des öfteren Sprechens über die für das abendländische innere Geistesleben so bedeutungsvolle Schule von Chartres. Sie sehen auf diesen Bildern – ich werde am Dienstag andere aus der Sammlung hier befestigen lassen –, was an wunderbar Architektonischem, an im Sinne der mittelalterlichen Plastik wunderbar Bildhauerischem, an der Stätte geworden ist, wo einstmals jenes Leben geblüht hat, von dem ich auch hier als einem für das Abendland wichtigen geistigen Leben nun schon öfter gesprochen habe.

Diese Schule von Chartres, sie hatte ja diejenigen Persönlichkeiten in sich, welche im zwölften Jahrhundert noch den Drang hatten, sich lehrend oder lernend in dasjenige zu vertiefen, was an lebendigem Geistesleben in der Zeitenwende heraufgekommen ist, was heraufgezogen ist in jener Epoche europäischer Zivilisationsentwickelung, in der die Menschheit, insofern sie Erkenntnis suchte, diese Erkenntnis noch im lebendigen Wirken und Weben der Naturwesen, nicht im Begreifen der wesenlosen abstrakten Naturgesetze suchte. Und so wurde in der Schule von Chartres, wenn auch nicht mehr durch alte Initiaten, so doch aber durch Persönlichkeiten, welche Sinn und Herz dafür hatten, aus der Tradition manches von dem aufzunehmen, was einstmals auf spirituelle Art erlebt worden war, in einem intensiven Sinne eine Hingabe an die geistigen Mächte gepflegt, namentlich an diejenigen, die in der Natur walten. Und ich habe es ja bemerklich gemacht, meine lieben Freunde, wie man geradezu eine geheimnisvolle Lichtausstrahlung der Schule von Chartres in dem Geiste Brunetto Latinis, des großen Lehrers Dantes, sehen kann. Und ich habe dann begreiflich zu machen gesucht, wie die Persönlichkeiten, die Individualitäten von

Chartres in geistigen Welten weitergewirkt haben, im Bunde mit denen, die nachher im Dominikanerorden mehr als die Träger der Scholastik gekommen sind.

Man kann sagen, die Individualitäten von Chartres mußten aus den Zeichen der Zeit heraus zu der Anschauung kommen, daß innerhalb des Erdenlebens für sie erst dann wiederum die Zeit kommen werde, wenn das Michael-Element, das am Ende des neunzehnten Jahrhunderts beginnen sollte, eine Zeitlang auf Erden gewirkt haben wird. Teil nahmen diese Individualitäten von Chartres in einer weitgehenden Weise an jenen übersinnlichen Lehren, die in dem Sinne gegeben wurden, wie ich das letztemal davon gesprochen habe, unter der Ägide Michaels selber, um sozusagen die Impulse ausströmen zu lassen, welche für das spirituelle Leben in den nächsten Jahrhunderten gelten sollten und unter deren Einfluß derjenige heute notwendig stehen muß, welcher sich der Pflege des geistigen Lebens widmen will.

Im großen und ganzen kann man sagen: Wiederverkörperungen der Geister von Chartres sind eigentlich nur in geringem Maße dagewesen. Aber dennoch war es mir gegönnt, gerade eine Möglichkeit zu finden, durch eine Anregung in der Gegenwart auf die Schule von Chartres zurückzublicken. Es gab da in der Schule von Chartres einen Mönch, der ganz demjenigen hingegeben war, was dazumal in der Schule von Chartres ja an Lebenselement war. Aber man fühlte in der Schule von Chartres, gerade wenn man ihr recht hingegeben war, etwas von Abenddämmerungsstimmung des geistigen Lebens. Denn alles, was noch an die großen, bedeutungsvollen Impulse des geisterfüllten Platonismus erinnerte, wie er sich fortgepflanzt hat, das lebte in Chartres, aber so, daß die Träger dieses Chartresschen Lebens sich sagen mußten: Ja, in der Zukunft wird die Zivilisation Europas keine Empfänglichkeit haben für diese platonische Lebendigkeit.

Rührend, möchte ich sagen, ist es ja, wenn wir sehen, wie die Schule von Chartres Bildnisse der inspirierenden Genien für die sogenannten sieben Freien Künste bewahrt: Grammatik, Dialektik, Rhetorik, Arithmetik, Geometrie, Astronomie, Musika. Auch in dem Empfangen des Geistigen, das in diesen sieben Freien Künsten gegeben war, sah man noch lebendige Göttergaben, die durch Wesen an den Menschen herankamen, nicht Mitteilungen nur toter Gedanken über tote Naturgesetze. Und man konnte sehen, daß eben Europa keine Empfänglichkeit haben wird in der Zukunft für alles das. Deshalb empfand man etwas wie Abenddämmerungsstimmung des geistigen Lebens.

Und ein solcher Mönch, ein einzelner, besonders den Arbeiten, den Lehren in Chartres hingegebener Mönch, wurde ja in unserer Zeit doch verkörpert, aber verkörpert in einer Weise, daß man geradezu in wunderbarer Art den Abglanz des vorigen Lebens in diesem Leben bei der betreffenden Persönlichkeit finden konnte. Diese Persönlichkeit in unserer Zeit war eine mir bekannte, sogar befreundete Schriftstellerin, die jetzt schon seit längerer Zeit gestorben ist, die eine in unserer Zeit ganz merkwürdige Seelenstimmung in sich trug, eine Seelenstimmung, über die ich früher nicht gesprochen haben würde, trotzdem ich sie vor Jahren beobachtet habe. Aber über diese Dinge zu sprechen ist eigentlich erst möglich, seitdem die Weihnachtsstimmung über unsere Anthroposophische Gesellschaft gekommen ist, weil diese ja eine besondere Beleuchtung für diese Dinge gebracht hat und weil heute die Möglichkeit vorliegt, über diese Dinge, wie ich schon ausführte, unbefangen zu sprechen.

Wenn man mit dieser Persönlichkeit sprach, so sprach sie eigentlich nur davon, daß sie sterben wolle. Dabei war dieses Sterbenwollen nicht aus einer sentimentalen, auch nicht aus einer hypochondrischen, man könnte nicht einmal sagen aus einer melancholischen Seelenstimmung heraus, sondern wenn man den psychologischen Blick hatte, auf solche Dinge einzugehen, so fand man sich so weit zurück in der Seele dieser Persönlichkeit, daß man sich sagte: Da ist der Abglanz eines vorigen Erdenlebens. Da ist in einem vorigen Erdenleben etwas als Keim gelegt worden, was jetzt herauskommt. Jetzt – nicht in dieser Todessehnsucht, sondern in der Empfindung, daß eigentlich diese Seele, die da verkörpert war, gar nichts mit der Gegenwart zu tun hatte.

Die Schriften dieser Persönlichkeit sind auch so, daß sie wie aus einer anderen Welt heraus, nicht den Mitteilungen nach, nicht den Tatsachen nach, wohl aber der Stimmung nach geschrieben sind. Und man kommt nur dann zu einem Verständnisse dieser Stimmung, wenn man den Weg findet von dem düsteren Lichte dieser Schriften und dem düsteren Lichte, das in dieser Seele selbst als deren Grundlage gelebt hat, zurück zu jenem Mönch von Chartres, der die Abenddämmerungsstimmung des lebendigen Platonismus dazumal in Chartres miterlebt hat.

Es war bei dieser Persönlichkeit nicht Temperament, nicht Melancholie, nicht Sentimentalität, es war das Hereinleuchten eines früheren Lebens. Und die gegenwärtige Seele dieser Persönlichkeit war wie ein Spiegel, in die wirklich das Chartres-Leben hereinragte. Nicht der Inhalt der Lehren von Chartres war herübergekommen, wohl aber waren herübergekommen in dieser Persönlichkeit die Stimmungen. Und wenn man rückschauend in diese Stimmungen sich versetzt, dann kann man in ihnen, ich möchte sagen, etwas bekommen wie geistige Photographien jener Persönlichkeiten, die man sonst auch durch Geistesforschung innerhalb derjenigen Welt findet, in der sie zu finden sind, und die in Chartres gelehrt haben.

Sehen Sie, so bringt eben das Leben in der verschiedensten Weise durch Karma die Möglichkeiten, in diese Dinge hineinzuschauen. Und wenn ich die Erlebnisse mit dem Zisterzienserorden das letzte Mal angeführt habe, so möchte ich in Ergänzung davon dasjenige anführen, was von der Abenddämmerung der Schule von Chartres in Herz und Seele einer außerordentlich interessanten Persönlichkeit der Gegenwart hereinragte. Sie hat nun seit langem diejenigen Welten wiedergefunden, nach denen sie sich so sehr sehnte, zurück zu den Vätern von Chartres. Und wenn nicht Müdigkeit als karmisches Ergebnis der Seelenstimmung in Chartres bei jenem Mönch das ganze Seelenleben dieser Persönlichkeit beherrscht hätte, ich könnte mir kaum denken, daß es eine geeignetere Persönlichkeit in der Gegenwart gegeben hätte, in Verbindung gerade mit dem traditionellen Leben des Mittelalters das Geistesleben der Gegenwart zu pflegen. Und dabei möchte ich erwähnen, daß, wenn solche tief in den Untergründen der Seele wirkende Karma-Impulse da sind, man das Eigentümliche vor sich hat, daß im physischen Gesichtsausdrucke einer nachfolgenden Inkarnation eine Ähnlichkeit zu finden ist – es ist das in seltenen Fällen so, aber es ist der Fall –, eine Ähnlichkeit mit der vorigen Inkarnation. Die beiden Antlitze jenes Mönches und jener Schriftstellerin der Gegenwart waren wirklich ganz ausserordentlich ähnlich.

Nun, meine lieben Freunde, im Zusammenhang damit möchte ich nach und nach dasjenige betrachten, was Karma der Anthroposophischen Gesellschaft beziehungsweise Karma der Individualitäten ihrer einzelnen Mitglieder ist dadurch, daß, wie ich schon das letzte Mal sagte, ein großer Teil der Seelen, die in der anthroposophischen Bewegung ehrlich drinnen stehen, irgendwo und irgendwann den Anschluß an jene Michael-Strömung gefunden hat, die ich eigentlich zu charakterisieren habe mit alledem, was ich bisher zu sagen hatte über Aristoteles und Alexander, über das, was im Übersinnlichen geschehen war zur Zeit, als in der Sinnenwelt hier das achte Konzil in Konstantinopel stattgefunden hat, über das, was als Fortsetzung geschah im Geistigen und im Physischen des Lebens am Hofe Harun al Raschids, und endlich über jene übersinnliche Schule, die unter der Ägide des Michael selber stand. Das Bedeutungsvolle in der Lehre dieser Schule war ja dieses, daß innerhalb ihrer Schule immer wieder hingewiesen wurde erstens auf die Zusammenhänge mit den alten Mysterien, auf die Zusammenhänge mit all dem, was wiederum heraufkommen muß in einer neuen Form aus dem Inhalte der alten Mysterien, um die neuere Zivilisation mit Spiritualität zu durchdringen; daß aber auf der anderen Seite auch auf die Impulse hingewiesen wurde, welche die für geistiges Leben begeisterten Seelen für ihr Wirken in die Zukunft hinein haben müssen. Und aus dem Verständnisse dieser Geistesströmung heraus kann es ja auch sein, daß verstanden werde, inwiefern Anthroposophie in ihrem Wesen die Impulse für ein erneuertes, wahres, ehrliches Verstehen des Christus-Impulses bedeutet.

Denn in der anthroposophischen Bewegung finden sich eigentlich Seelen zweifacher Art. Eine ganze Anzahl dieser Seelen hat jene Strömungen mitgemacht, die sozusagen die offiziellen christlichen Strömungen der ersten Jahrhunderte waren; sie haben mitgemacht alles das, was als Christentum in die Welt gekommen ist, namentlich in den Zeiten des Kaisers Konstantin und in den unmittelbar daran anschließenden. Gerade unter denen, die dazumal mit einer ungeheuren Ehrlichkeit an das Christentum herangetreten sind, die in innerlicher Vertiefung das Christentum aufgenommen haben, sind eben solche Seelen, die sich mit dem Drange nach einem Verständnis des Christentums heute in der Anthroposophischen Gesellschaft befinden; nicht eben Christen, die solchen Bewegungen wie der des Kaisers Konstantin einfach nachfolgten, sondern mehr diejenigen Christen, die gerade für sich in Anspruch nahmen, als die echten Christen zu gelten, die in einzelne Sekten verteilt waren. Christliche Sekten mit innerlicher Vertiefung, sie enthielten viele der Seelen, die heute in ehrlicher Weise – manchmal aus unterbewußten Impulsen, die das Oberbewußtsein sogar in vieler Beziehung mißdeutet – herankommen an die anthroposophische Bewegung.

Andere Seelen sind dann diejenigen, die diese christliche Entwickelung nicht unmittelbar mitgemacht haben, die entweder die spätere christliche Entwickelung mitgemacht haben, wo jene innerliche Vertiefung in Sekten nicht mehr da war, die aber vor allen Dingen auf dem Grunde ihrer Seelen viel von dem haben, unausgelöscht, lebendig, was in der vorchristlichen Zeit als alte heidnische Mysterienweisheit erlebt werden konnte. Auch sie haben vielfach das Christentum mitgemacht, aber es hat auf sie nicht solch einen Eindruck gemacht wie auf jene anderen Seelen, weil in ihnen der Eindruck und die Lehre, die Kultusübungen und so weiter der alten Mysterien lebendig geblieben waren. Gerade unter denen, die so in die anthroposophische Bewegung hineinkamen, befinden sich nun solche Seelen, die nicht in einem abstrakten Sinne Christus suchen. Die vorher Charakterisierten sind sozusagen froh, das Christentum wieder in der anthroposophischen Bewegung zu finden.

Aber unter den andern sind diejenigen, die mit einem inneren Verständnis ergreifen, was in der Anthroposophie kosmisches Christentum ist. Christus als den kosmischen Sonnengeist, ihn erfassen vor allem diejenigen zahlreich in der anthroposophischen Bewegung stehenden Seelen, die viel Lebendiges noch in dem Untergrunde ihrer Seelen haben von dem, was sie aus den alten heidnischen Mysterien mitgebracht haben. Mit alledem sind ja die Strömungen des ganzen geistigen Lebens der Menschheit der Gegenwart verbunden; und ich meine eine weite Gegenwart, die über Jahrzehnte, die über Jahrhunderte reicht.

Anthroposophie ist ja schließlich doch herausgewachsen aus dem Geistesleben der Gegenwart. Wenn sie auch in ihrem Inhalt nichts unmittelbar gemein hat mit diesem Geistesleben der Gegenwart, karmisch ist sie vielfach aus ihm herausgewachsen, und man muß auf manches, das scheinbar nicht in die Reihe dessen gehört, was unmittelbar in der Anthroposophie wirkt, man muß schon auch dahin schauen, um alles das in sein geistiges Gesichtsfeld hereinzubekommen, was in den Strömungen, die ich genannt habe, im Laufe der Zeit mitgewirkt hat. Ich sagte ja, man bekommt eigentlich ein wirkliches Verständnis für das, was äußerlich auf dem physischen Plane geschieht, erst dann, wenn man auf dem Hintergrunde dieses Geschehens schaut, was vom geistigen Felde aus in diese auf dem physischen Plane vor sich gehenden Ereignisse hineingeströmt wird. Und wir müssen, sagte ich schon das letzte Mal, wieder den Mut gewinnen, jene alte Mysterien-Empfindung in die Gegenwart hereinzuleiten, die nicht bloß in abstrakter Weise das physische Geschehen an ein allgemein pantheistisches oder theistisches oder wie immer geartetes Geistesleben anknüpft, sondern die konkret in der Lage ist, die einzelnen Geschehnisse, ja die menschlichen Erlebnisse innerhalb der Geschehnisse bis zu den geistigen Urgründen und Urwesen zurückzuverfolgen.

Dazu gibt ja gerade dasjenige Veranlassung, was heute durch eine der tiefsten Aufgaben der Gegenwart gesucht werden muß. Es muß in der Gegenwart wiederum eine wirkliche Menschenerkenntnis nach Leib, Seele und Geist gesucht werden, aber nicht eine solche, die in abstrakten Ideen oder in abstrakten Gesetzen wurzelt, sondern die hineinschauen kann in die wirklichen Untergründe des ganzen menschlichen Wesens. Es muß dann der Mensch wirklich durchforscht werden nach seinen gesunden, nach seinen kranken Zuständen, nicht so, wie es sonst in der Gegenwart üblich ist, nach bloß physischen Erkenntnissen. Da lernt man den Menschen nicht kennen; da lernt man vor allen Dingen dasjenige im Leben nicht kennen, was in den Menschen hereinwirkt und so bedeutungsvoll in sein Schicksal eingreift: Unglück, Krankheit, Fähigkeit oder Unfähigkeit. Karma in allen seinen Formen lernt man nur kennen, wenn man den Menschen in seine Geistigkeit und in sein inneres Seelenleben hinein verfolgen kann von dem Ausgang des physischen Lebens aus.

Heute steht ja das Erkenntnisstreben so da, daß in ganz äußerlicher Weise der Mensch in bezug auf seine Organe, in bezug auf seine Gefäße, in bezug auf seine Nerven, in bezug auf die Gefäße seines Blutumlaufes und so weiter betrachtet wird. Und wer die Dinge so betrachtet nach Gesundheit und Krankheit des Menschen, der ist nicht in der Lage, in all dem etwas zu finden, was Geist oder Seele ist. Und man möchte sagen: Der Anatom, der Physiologe von heute, er könnte so reden, wie einstmals ein berühmter Astronom zu einem Herrscher gesprochen hat in Beantwortung einer Frage, die der Herrscher gestellt hatte: Ich habe das ganze Weltall durchsucht, überall herumgesucht unter Sternen und ihren Bewegungen, aber einen Gott habe ich nicht gefunden. – So sagte der Astronom. Der Anatom und Physiologe von heute könnte sagen: Ich habe alles, Herz und Nieren und Magen und Gehirn und Blutgefäße und Nerven untersucht, aber die Seele und den Geist nicht gefunden.

Sehen Sie, alles was die Schwierigkeiten zum Beispiel der heutigen Medizin sind, das steht unter diesem Einflusse. Und all das muß heute entwickelt werden, im allgemeinen nach den Anforderungen, die der anthroposophischen Bewegung gestellt sind, der ganzen Anthroposophischen Gesellschaft, und im einzelnen fachmännisch für die einzelnen Gruppen, wie zum Beispiel jetzt über

Pastoral-Medizin vor einer Gruppe gesprochen wird, die fachmännisch dazu vorbereitet ist. Denn da muß das Tor gesucht werden, auch in diejenigen Zusammenhänge hereinzukommen, die sich zuletzt als die größeren Zusammenhänge in der Wirksamkeit der Karma-Strömungen ergeben. Und man wird sehen in der Pathologie und Therapie, wie die Beobachtung des kranken und gesunden Menschen notwendig macht, auf alles das einzugehen, was über Seele und Geist gesagt wird neben dem äußeren Physischen, das, wie ich immer wiederhole, so wie die Naturwissenschaft es darbietet, voll respektiert wird. Man wird aber sehen, wie man genötigt ist, mit Bezug auf den gesunden und den kranken Menschen auf die höheren Glieder der Menschennatur einzugehen, wenn demnächst das Buch erscheinen wird, das von mir zusammen mit meiner lieben Mitarbeiterin, Frau Dr. Wegman, gerade auf diesem Gebiete des gesunden und kranken Menschen gearbeitet wird. Nur ergeben gerade solche Forschungen, welche die Tore suchen, um vom physischen Menschen auf eine richtige Art in den geistigen Menschen hineinzukommen, nur dann ein aussichtsvolles Resultat, wenn sie in der richtigen Weise angestellt werden. So daß zu einer solchen Arbeit, wie es hier der Fall ist, nicht bloß die Forschungskräfte der Gegenwart mitverwendet werden, sondern eben gerade Forschungskräfte, die sich dadurch ergeben, daß man die karmischen Fäden aufnimmt, die sich aus der Entwickelungsgeschichte der Menschheit heraus ergeben. Man muß sozusagen mit den Kräften des Karma arbeiten, um hinter die Geheimnisse zu kommen, um die es sich da handelt. Es werden zunächst nur die Anfänge im ersten Bande dieses Werkes erscheinen. Das Werk wird seine Fortsetzung finden, und es wird dann weitergeschritten werden von dem, was zunächst in mehr elementarer Weise entwickelt wird, zu demjenigen, was gerade von dieser Seite her, von der medizinisch-pathologischen Seite her, eine Menschenerkenntnis geben kann. Es ist das ja nur dadurch möglich, daß gerade in Frau Dr. Wegman eine Persönlichkeit vorliegt, welche in ihren medizinischen Studien die Dinge so aufgenommen hat, daß sie sich bei ihr selbstverständlich hinüberentwickeln zu demjenigen, was geistige Anschauung der

Menschenwesenheit ist. Da aber, im Verlaufe dieser Forschung, ergeben sich gerade in der Anschauung der Organologie des Menschen, die man in geistiger Perspektive schaut, die Dinge, welche nun auch auf die karmischen Zusammenhänge hinführen. Denn dieselbe Art der Anschauung, die man entwickeln muß, um das Geistige zu schauen, das nicht hinter dem ganzen Menschen, sondern hinter den einzelnen Organen steht – hinter dem einen Organ steht meinetwillen die Jupiterwelt, hinter dem anderen Organ die Venuswelt und so weiter –, diejenigen Einsichten, die man da entwickeln muß, führen eben zu dem, was sich als die Möglichkeit darstellt, hinter menschliche Persönlichkeiten in ihren abgelaufenen Erdenleben zu kommen. Denn im gegenwärtigen Erdenleben steht der Mensch in seiner Hautumgrenzung vor uns. Bekommen wir die Fähigkeit, hineinzuschauen in die einzelnen Organe des Menschen, dann erweitert sich das, was innerhalb der Haut ist, indem jedes Organ nach einer anderen Richtung der Welt hinweist, die Wege bildet hinaus in den Makrokosmos. Dann rundet sich draußen wiederum der Mensch, und das braucht man: diesen Menschen, der sich geistig wieder aufbaut, nachdem er die gegenwärtige Form, die durch die Haut begrenzt ist, überwunden hat. Und wenn man das, was physisch etwas ganz anderes ist, als sich der heutige Anatom und Physiologe vorstellt, hinaus verfolgt, dann gibt das Anschauungen, die auch dem entsprechen, was die Schauungen in frühere Erdenleben des Menschen sind. Und da erlebt man ja dann die Zusammenhänge, die eben hineinleuchten in die Entwickelungsgeschichte der Menschheit, und die Gegenwart in dem, was physisch da ist, erklärlich machen. Es lebt ja die ganze Vergangenheit der Menschen eigentlich in der Gegenwart. Aber mit diesem allgemein abstrakten Satze ist natürlich nichts gesagt, den sagen ja die Materialisten auch; darauf kommt es aber nicht an, sondern es kommt darauf an, *wie* diese Vergangenheit in der Gegenwart lebt.

Da möchte ich Ihnen auch dafür ein Beispiel sagen, ein Beispiel, das eigentlich so in sich wunderbar ist, daß es in mir selbst die größte Verwunderung hervorgerufen hat, als es sich als Resultat der Forschung ergeben hat. Und manches von dem, was von mir auf diesem Gebiete früher gedacht worden ist, mußte rektifiziert werden oder wenigstens ergänzt werden.

Sehen Sie, es wird für den, der sinnvoll die Geschichte betrachtet, ein Ereignis gerade in den ersten Jahrhunderten des Christentums von einem merkwürdigen Geheimnis umschwebt. Wir sehen da eine Persönlichkeit, die wir vielleicht innerlich sehr wenig dazu geeignet finden, wir sehen den schon erwähnten Kaiser Konstantin das Christentum ergreifen, um es zu dem zu machen, was dann eigentlich das offizielle Christentum des Abendlandes geworden ist. Aber wir sehen – natürlich nicht im wörtlichen Sinne, aber wenn man über größere Zeiträume hinwegsieht –, wir sehen neben dem Konstantin stehen *Julian Apostata,* wahrhaftig eine Persönlichkeit, von der man wissen kann, in ihr lebte Mysterien-Weisheit. Julian Apostata konnte von der dreifachen Sonne sprechen. Und er hat ja sein Leben eingebüßt, weil er eben dadurch als Verräter an den Mysterien angesehen worden ist, daß er von der dreifachen Sonne gesprochen hat. Das durfte man in der damaligen Zeit nicht; früher hat man es schon erst recht nicht gedurft. Aber Julian Apostata stand in einer eigentümlichen Weise zum Christentum. Man möchte in gewissem Sinne oftmals verwundert sein, daß gerade dieser feine, geniale Kopf für die Größe des Christentums so wenig empfänglich war; aber das kommt davon her, daß er eben in seiner Umgebung wenig von innerlicher Ehrlichkeit, wie er sie auffaßte, sah. Und unter denen, die ihn in die antiken Mysterien einführten, fand er noch viel Ehrlichkeit, positive, aktive Ehrlichkeit.

Julian Apostata wurde ja drüben in Asien ermordet. Über den Mord wurde mancherlei gefabelt. Aber er ist eben erfolgt, weil man in Julian Apostata einen Verräter der Mysterien gesehen hat. Es war ein ganz arrangierter Mord.

Wenn man sich nun etwas bekannt macht mit dem, was in Julian Apostata lebte, dann wird man ja tief interessiert dafür: Wie lebte diese Individualität weiter? – Denn es ist eine ganz eigenartige Individualität, eine Individualität, von der man sagen muß: Mehr als Konstantin, mehr als Chlodwig, mehr als alle anderen wäre er geeignet gewesen, dem Christentum die Wege zu ebnen! Und es lag in seiner Seele. Er hätte, wenn die Zeit dazu günstig gewesen wäre, wenn die Verhältnisse dazu dagewesen wären, aus den alten Mysterien heraus eine geradlinige Fortsetzung bewirken können vom vorchristlichen Christus, von dem wirklichen makrokosmischen Logos, zu dem Christus, der fortwirken sollte in der Menschheit nach dem Mysterium von Golgatha. Und wenn man geistig auf den Julian eingeht, so findet man eben das Merkwürdige: Es ist Schale bei ihm gewesen dieses Apostata-Wesen, und auf dem Grunde seiner Seele findet man eigentlich einen Trieb, das Christentum zu erfassen, den er aber nicht heraufkommen ließ, den er unterdrückte, wegen der Albernheiten des Celsus, der über den Jesus geschrieben hat. Es kommt eben vor, daß auch eine geniale Persönlichkeit bisweilen auf Albernheiten von Leuten hereinfällt. Und so hat man das Gefühl, Julian wäre eigentlich die geeignete Seele gewesen, dem Christentum die Bahnen zu ebnen, das Christentum in die Bahn zu bringen, in die es gehört.

Und man verläßt dann diese Seele des Julian Apostata in ihrem Erdenleben und folgt ihr als Individualität mit höchstem Interesse durch die geistigen Welten. Aber da ist etwas Unklares. Es umschwebt diese Seele etwas Unklares, und nur dem intensivsten Bestreben kann es gelingen, in dieser Beziehung zur Klarheit zu gelangen. Über vieles existieren im Mittelalter ja Anschauungen, die immer legendär sind, die aber adäquat sind den wirklichen Ereignissen. Ich habe das schon erwähnt, wie adäquat – wenn auch natürlich legendär – die Sagen sind, die sich an die Persönlichkeit des Alexander angeschlossen haben. Wie lebendig erscheint das Leben Alexanders noch in der Schilderung des Pfaffen Lamprecht! Was von Julian fortlebt, das lebt so fort, daß man immer sagen kann: Es will eigentlich verschwinden in der Menschenbetrachtung. Und wenn man es verfolgt, hat man sozusagen die größte Mühe, mit dem geistigen Blick dabeibleiben zu können. Es entzieht sich einem fortwährend. Man verfolgt es durch die Jahrhunderte bis in das Mittelalter herein: es entzieht sich einem. Und wenn es einem dann doch gelingt, die Sache zu verfolgen, dann landet man mit der Betrachtung an einer merkwürdigen Stelle, die eigentlich gar nicht historisch ist, die aber historischer als historisch ist: Man landet endlich bei einer weiblichen Persönlichkeit, in der man die Seele Julian Apostatas findet, bei einer weiblichen Persönlichkeit, die unter einem für sie selbst bedrückenden Eindrucke ein Wichtiges im Leben vollzog. Diese weibliche Persönlichkeit sah nicht in sich, sondern in einer anderen ein Abbild des Schicksals Julian Apostatas, insofern Julian Apostata einen Zug nach dem Oriente machte und im Orient durch Verrat umgekommen ist.

Sehen Sie, das ist *Herzeloyde,* die Mutter des Parsifal, die eine historische Persönlichkeit ist, über die aber die Historie nicht berichtet, die in Gamuret, den sie geheiratet hat und der auf einem Zug nach dem Orient durch Verrat zugrunde gegangen ist, auf ihr eigenes Schicksal in dem früheren Julian Apostata hingewiesen wird. Durch diesen Hinweis, der ihr tief in die Seele ging, vollbrachte Herzeloyde, was nun legendär, aber ungemein historisch doch von der Erziehung des Parsifal durch Herzeloyde gesagt wird. Diese Seele des Julian Apostata, die so in den Untergründen geblieben war, bei der man glauben möchte, daß sie eigentlich wie berufen gewesen wäre, dem Christentum die rechte Bahn zu weisen, die findet sich dann im Mittelalter in einem weiblichen Leibe, in einer weiblichen Persönlichkeit, die den Parsifal aussendet, um dem Christentum die esoterischen Wege zu suchen und zu weisen.

Sehen Sie, so geheimnisvoll, so rätselhaft gehen oft die Wege der Menschheit in den Unter- und Hintergründen des Daseins. Dieses Beispiel, das sich in einer merkwürdigen Weise verwebt mit dem, was ich schon erzählt habe in Anknüpfung an die Schule von Chartres, kann Sie aufmerksam darauf machen, wie wunderbar im Grunde genommen die Wege der menschlichen Seele und die Entwickelungswege der ganzen Menschheit sind. Dieses Beispiel wird noch eine Art Fortsetzung erfahren dürfen, indem ich über das Leben von Herzeloyde, über den, der dazumal physisch als Parsifal hinausgesendet wurde, einiges sprechen werde. Da, wo wir jetzt die Betrachtungen unterbrechen müssen, werde ich das nächste Mal anknüpfen.

SECHSTER VORTRAG

Dornach, 16. September 1924

Ich möchte in der Betrachtung, die ich vorgestern hier angestellt habe, heute fortfahren. Und zwar standen wir da, wo wir den Faden der Entwickelung, wie er hereinspielt in das spirituelle Leben der Gegenwart, fallengelassen haben mit der Individualität Julian Apostatas respektive der Individualität, die in Julian Apostata gelebt hat und von der ich Ihnen angedeutet habe, daß sie zunächst in derjenigen Persönlichkeit verkörpert war, von der nur legendäre Nachrichten da sind, von der Persönlichkeit, die in die Parsifal-Sage hineingeheimnißt ist als Herzeloyde. Es war ein vertieftes Seelenleben, das da in die Seele des frühern Julian Apostata einzog, ein vertieftes Seelenleben, das diese Individualität wahrhaftig brauchte, brauchte gegenüber den Stürmen und den inneren Oppositionsstimmungen, welche sie eben in dem Dasein als Julian Apostata durchgemacht hatte. Dieses Leben, von dem ich Ihnen sprach, war ein solches, das sich über das Julian-Apostata-Leben wie eine friedfertige, warme Wolke herüberzog. Und so ist die Seele innerlich intensiver geworden. So ist die Seele reicher auch geworren, reicher an den mannigfaltigsten inneren Impulsen.

Aber diese Seele hatte ja, weil sie zu denjenigen gehörte, die noch etwas von den alten Mysterien übernommen hatten, die noch drinnen gelebt hatten in der Substanz der alten Mysterien in einer Zeit, wo diese Mysterien in gewisser Beziehung helleuchtend noch waren, diese Seele hatte von der Spiritualität des Kosmos viel in sich aufgenommen. Das war gewissermaßen zurückgedrängt worden während der Herzeloyde-Inkarnation, drängte aber herauf in der Seele, und so finden wir diese Individualität wieder im sechzehnten Jahrhunderte. Und wir erkennen im sechzehnten Jahrhunderte bei dieser Individualität, wie aufsteigt verchristlicht dasjenige, was sie als Julian Apostata durchgemacht hatte. Es erscheint diese Individualität als *Tycho de Brahe* im sechzehnten Jahrhunderte und steht da gegenüber demjenigen, was in der abendländischen Zivilisation als die kopernikanische Weltanschauung herauftaucht.

Diese kopernikanische Weltanschauung, sie gab ein Bild von dem Weltenall, das nun ganz darauf hinarbeitet, wenn es in seinen letzten Konsequenzen verfolgt wird, Spiritualität aus dem Kosmos in der Anschauung herauszutreiben. Das kopernikanische Weltbild führt zuletzt zu einer völlig mechanisch-maschinellen Auffassung des Weltalls im Raume. Und schließlich ist es ja dieses kopernikanische Weltbild, aus dem heraus ein berühmter Astronom zu Napoleon gesagt hat, er fände keinen Gott innerhalb dieses Weltenalls; er hätte alles durchforscht, er fände keinen Gott. Es ist eben das Austreiben aller Spiritualität.

Dem konnte sich die charakterisierte Individualität, die jetzt in Tycho de Brahe da war, nicht fügen. Daher sehen wir, wie Tycho de Brahe in bezug auf seine Weltanschauung dasjenige annimmt, was brauchbar ist im Kopernikanismus, wie er aber ablehnt die absolute Bewegung, die der Erde zugeschrieben werden mußte im Sinne des kopernikanischen Weltbildes. Und wir sehen dies gebunden bei Tycho de Brahe an wirkliche Spiritualität, Spiritualität, bei der wir, wenn wir den Verlauf seines Lebens ins Auge fassen, geradezu sehen können, wie altes Karma hinaufdrängt in das Tycho-de-Brahe-Leben, mit aller Gewalt heraufdrängt, Bewußtseinsinhalt werden will. So wird ja von seinen dänischen Angehörigen in jeder Weise versucht, ihn im juristischen Berufe festzuhalten; er muß unter der Aufsicht eines Hauslehrers in Leipzig Jurisprudenz studieren und kann nur, während jener schläft, sich die Stunden aussparen, in denen er in der Nacht mit den Göttern verkehrt. Und da zeigt sich – das ist ja auch in seiner Biographie wiederum enthalten – etwas höchst Merkwürdiges.

Sie werden sehen, daß dies für die spätere Beurteilung der Tycho de Brahe-Herzeloyde-Julian-Individualität von Bedeutung ist. Schon mit sehr primitiven Instrumenten, die er sich selber zusammengestellt hat, entdeckt er bedeutende Rechenfehler, die gemacht worden sind in bezug auf die Ortsbestimmungen von Saturn und

Jupiter. Und wir haben die merkwürdige Szene im Leben Tycho de Brahes, daß er als junger Mensch mit primitiven Instrumenten, mit denen man sonst gar nicht daran denkt, irgendwie etwas anfangen zu können, eines Tages sich gedrängt fühlt, die genauen Orte am Himmel für Saturn und Jupiter aufzusuchen. Solche Dinge werden dann bei ihm durchaus mit Spirituellem durchsetzt, mit Spirituellem, das ihn so hineinführt in eine Auffassung des Weltalls, wie man sie eigentlich haben muß, wenn man wiederum dem modernen Initiatentum zustrebt, wo man dann dazu kommt, von geistigen Wesen so zu sprechen, wie man von physischen Menschen auf Erden spricht, weil man ihnen ja eigentlich immer begegnen kann, weil ja im Grunde genommen nur ein Seins-Unterschied, ein Unterschied in der Qualität des Seins ist zwischen denjenigen Menschenindividualitäten, die gerade hier auf dem physischen Plane verweilen, und denjenigen, die entkörpert sind und zwischen dem Tod und einer neuen Geburt leben.

Das aber fachte in Tycho de Brahe überhaupt ein ungemein bedeutsames Hineinschauen in jene Zusammenhänge an, die sich ergeben, wenn man nicht mehr hier auf Erden alles wie durch irdische Impulse veranlaßt anschaut und dies oben in den Sternen nur mathematisch berechnet, sondern wenn man das Ineinanderwirken von Sternenimpulsen und menschheitlichen geschichtlichen Impulsen durchschaut. Durch jenes Instinktive in der Seele, das er sich aus seinem Julian-Apostata-Leben mitgebracht hatte, das damals während des Julian-Apostata-Lebens nicht durchsetzt war von Rationalismus oder Intellektualismus, sondern das intuitiv, imaginativ war – so war ja das innere Leben Julian Apostatas –, durch all das gelang es ihm dann, etwas sehr Aufsehenerregendes zu tun.

Er konnte nicht viel Eindruck auf seine Zeitgenossen machen mit seinen von dem Kopernikus ja abweichenden astronomischen Ansichten, mit dem, was er sonst in der Sternkunde leistete. Er beobachtete unzählige Sterne und zeichnete eine Sternkarte, die es dann allein möglich machte, daß Kepler zu seinen großartigen Ergebnissen kam. Denn Kepler kam auf Grundlage der Sternkarte des Tycho de Brahe zu seinen Keplerschen Gesetzen. Das alles aber hätte auf seine Zeitgenossen wohl nicht den großen Eindruck gemacht, den eine an sich nicht gerade bedeutsame, aber auffällige Sache machte: Er sagte nämlich den Tod des Sultans Soliman fast bis auf den Tag genau prophetisch voraus, der dann auch so eintraf, wie er ihn vorausgesagt hatte. Wir sehen ja wirklich in Tycho de Brahe hereinwirken in eine neuere Zeit, verbunden mit einer spirituellen Intellektualität, möchte ich sagen, alte Anschauungen, die er als Julian Apostata aufgenommen hatte. Wir sehen das alles hereinwirken in die neuere Zeit in diesem Tycho de Brahe. Und Tycho de Brahe gehört schon zu den interessantesten Seelen, die dann, als er im siebzehnten Jahrhunderte durch die Todespforte ging, in die geistige Welt hinaufversetzt wurde.

Nun, in den Strömungen, die ich als Michael-Strömungen geschildert habe, findet sich eigentlich Tycho de Brahe-Julian-Apostata-Herzeloyde fortwährend; in irgendeiner der übersinnlichen Funktionen ist er im Grunde genommen immer da. Deshalb findet man ihn auch wieder bei bedeutsamen Ereignissen in der übersinnlichen Welt, die mit dieser Michael-Strömung zusammenhängen, am Ende des achtzehnten und am Beginn des neunzehnten Jahrhunderts.

Ich habe ja früher hingewiesen auf die große übersinnliche Lehrschule im fünfzehnten, sechzehnten Jahrhundert, die unter Michaels Ägide selber stand. Dann begann ein Leben für diejenigen, die in dieser Lehrschule waren, das sich so abspielte, daß Kraftentwickelungen, Tätigkeiten in der geistigen Welt abliefen, daß diese Tätigkeiten herunterwirkten in die physische Welt, im Zusammenhang wirkten mit der physischen Welt. So zum Beispiel fiel gerade in dieser Zeit, die nun folgte auf die Zeit dieser Lehrschule, eine wichtige Aufgabe einer Individualität zu, von deren fortlaufendem Leben ich ja öfter gesprochen habe: der Individualität Alexanders des Großen.

Ich habe ja auch hier aufmerksam darauf gemacht, wie Baco von Verulam, Lord Bacon, der wiedererstandene Harun al Raschid ist. Und das Merkwürdige ist dieses, daß im Zusammenhang mit Lord Bacons Anschauungen, die einen so intensiven, maßgebenden Einfluß auf die ganze folgende Geistesentwickelung gerade in feineren geistigen Bestrebungen gehabt haben, in Lord Bacon etwas geschah, was man bezeichnen könnte wie ein krankhaftes Heraustreiben alter Spiritualität, die er schon immerhin als Harun al Raschid gehabt hat. Und so sehen wir denn, daß von dem Impuls dieses Lord Bacon ausgeht eine ganze Welt dämonischer Wesenheiten. Es wird die Welt geradezu davon erfüllt, übersinnlich und sinnlich erfüllt – sinnlich, natürlich nicht anschaulich – ich meine, die sinnliche Welt wird erfüllt von dämonischen Wesenheiten. Der Individualität Alexanders fällt es zu, hauptsächlich den Kampf zu führen gegen diese Dämonen-Idole des Lord Bacon, des Baco von Verulam.

Und ähnliche Tätigkeiten, die außerordentlich wichtig sind, geschehen unten, sonst wäre der Materialismus des neunzehnten Jahrhunderts noch in viel verheerenderer Weise hereingebrochen. Ähnliche Tätigkeiten, die sich im Zusammenhange der geistigen und der physischen Welt abspielten, die fielen dann der Michael-Strömung zu, bis in übersinnlichen Regionen am Ende des achtzehnten und Beginn des neunzehnten Jahrhunderts das stattfand, was ich schon einmal hier genannt habe: das Aufleben eines übersinnlichen bedeutsamen Kultus.

In der übersinnlichen Welt wurde dazumal ein Kultus eingerichtet, der in realen Imaginationen geistiger Art sich abspielte. So daß man sagen kann: Am Ende des achtzehnten und Beginn des neunzehnten Jahrhunderts schwebt eigentlich unmittelbar angrenzend, ganz in der Nähe – natürlich ist das qualitativ gemeint – der physisch-sinnlichen Welt ein übersinnliches Geschehen, das darstellt übersinnliche Kultushandlungen, mächtige Bilder-Entwickelung des geistigen Lebens, der Weltenwesenheiten, der Wesenheiten der Hierarchien, im Zusammenhange mit den großen Ätherwirkungen des Kosmos und mit den menschlichen Wirkungen auf der Erde. Es ist interessant, daß in einem besonders günstigen Augenblicke von dieser übersinnlichen Kultusbetätigung, ich möchte sagen, ein Miniaturbildchen einströmte in Goethes Geist. Und dieses Miniaturbildchen, dieses metamorphosierte, veränderte Miniaturbildchen haben wir von Goethe hingemalt in seinem «Märchen von der grünen Schlange und der schönen Lilie». Es ist so ein Fall, wo leise nur etwas durchbricht. Sehen Sie, das war ein übersinnlicher Kultus, an dem sich vorzugsweise diejenigen beteiligt haben, welche mit teilgenommen haben an der Michael-Strömung bei all den Offenbarungen, den übersinnlichen und sinnlichen Offenbarungen, von denen ich gesprochen habe.

Überall spielt da die Individualität, die zuletzt in Tycho de Brahe war, eine außerordentlich große Rolle. Er war überall bestrebt, die großen, dauernden Impulse dessen, was man Heidentum, was man altes Mysterienwesen nennt, eben auch zum besseren Verständnis des Christentumes zu erhalten. In das Christentum war er eingezogen, während er als Seele der Herzeloyde lebte. Jetzt war er bestrebt, alles dasjenige, was er durch seine Julian-Apostata-Initiation hatte, einzuführen in die Vorstellungen des Christentums. Das war es ja ganz besonders, was wichtig erschien für diejenigen Seelen, von denen ich da gesprochen habe. Mit allen diesen Strömungen sind die zahlreichen Seelen verbunden, die jetzt in der anthroposophischen Bewegung sich finden, die ehrlich nach dieser Bewegung hinstreben. Sie fühlen sich angezogen von der Michael-Strömung gerade durch die innere Natur und Wesenheit dieser Michael-Strömung. Und Tycho de Brahe hatte einen bedeutenden Einfluß darauf, daß diese Seelen nun am Ende des neunzehnten Jahrhunderts oder im Anfang des zwanzigsten Jahrhunderts, vorzugsweise aber Ende des neunzehnten Jahrhunderts, vorbereitet auf die Erde herunterkamen, um den Christus nicht nur so zu schauen oder zu fühlen, wie ihn die verschiedenen Bekenntnisse fühlen, sondern wiederum in seiner ganzen grandiosen Weltherrlichkeit als den kosmischen Christus. Dazu wurden sie ja vorbereitet, auch übersinnlich zwischen dem Tode und einer neuen Geburt, durch solche Einflüsse wie die des Tycho de Brahe, der Seele, die zuletzt in Tycho de Brahe verkörpert war. So spielte diese Individualität eigentlich fortdauernd gerade innerhalb dieser Michael-Strömung eine außerordentlich bedeutsame Rolle.

Sehen Sie, es wurde ja immer hingeschaut – sowohl innerhalb der alten Lehrschule im fünfzehnten und sechzehnten Jahrhundert wie später bei der Verrichtung des übersinnlichen Kultus, der einleiten sollte gewissermaßen von der übersinnlichen Welt aus die spätere, neu eintretende spätere Michael-Herrschaft auf Erden –, es wurde ja überall hingewiesen auf die kommende Michael-Herrschaft.

Nun blieben eine ganze Anzahl – ich habe das schon angedeutet – platonisch begabter Seelen seit ihrer Wirksamkeit in Chartres in der geistigen Welt. Ich habe heute andere Bilder aus der Sammlung von Bildern über Chartres hier anheften lassen, Prophetenbilder, aber auch Bilder der außerordentlich wunderbaren Architektur von Chartres. Die Individualitäten der Lehrer von Chartres, die gerade platonisch geartet waren, sie blieben in der geistigen Welt. Herunter stiegen mehr die Aristoteliker, die zum Beispiel im Dominikaner-Orden vielfach waren, dann aber nach einer bestimmten Zeit sich vereinigten und eben auch von der geistigen Welt aus auf übersinnliche Art mit den Platonikern zusammen wirkten. So daß man sagen kann: Eigentlich sind immer zurückgeblieben die platonisch gearteten Seelen; sie sind bis heute in ihren wesentlicheren Individualitäten nicht wiederum auf der Erde erschienen, sondern warten bis zum Ende dieses Jahrhunderts.

Dagegen sind gerade viele, die sich angezogen fühlten von dem, was ich beschrieben habe als die Michael-Taten im Übersinnlichen, die sich in ehrlicher Weise zu einer solchen spirituellen Bewegung hingezogen fühlten, eben in die Strömung der anthroposophischen Bewegung eingelaufen. Und man kann schon sagen: Dasjenige, was in der Anthroposophie lebt, das ist angeregt zunächst von der Michael-Lehrschule im fünfzehnten, sechzehnten Jahrhundert und von jenem Kultus, der am Ende des achtzehnten Jahrhunderts und im Beginn des neunzehnten Jahrhunderts übersinnlich stattfand.

Es ist ja auch aus diesem Grunde, daß, als im Hinblick auf diesen übersinnlichen Kultus meine Mysterienspiele entstanden, gerade das erste Mysterium, trotzdem es sich viel unterscheidet von Goethes «Märchen von der grünen Schlange und der schönen Lilie», doch deutlich ähnliche Züge aufweist. Diese Dinge, die reale Impulse spiritueller Art enthalten wollen, können eben nicht aus den Fingern gesogen werden, sondern werden durchaus im Einklange mit der geistigen Welt geschaut und gearbeitet.

So stehen wir heute da mit der anthroposophischen Bewegung, die eingelaufen ist in die mittlerweile eingetretene Michael-Herrschaft, berufen dazu, gerade das Wesen dieser Michael-Herrschaft zu verstehen, berufen dazu, gerade im Sinne des Wirkens Michaels durch die Jahrhunderte und die Jahrtausende, jetzt, wo er wieder seine Erdenherrschaft in einem besonders bedeutsamen Momente antritt, berufen, in dieser Richtung zu wirken. Es liegt in dem inneren Esoterischen dieser Michael-Strömung, daß in einer ganz bestimmten Weise vorgezeichnet ist, zunächst für dieses Jahrhundert, dasjenige, was geschehen wird.

Aber sehen Sie, meine lieben Freunde, für die Anthroposophie, wenn man sie so ihrem heutigen Inhalte nach nimmt und sie rückwärts verfolgt, findet man wenig Erdenvorbereitung. Gehen Sie nur etwas zurück von dem, was heute als Anthroposophie auftritt, und suchen Sie unbefangen, nicht etwa den Sinn getrübt durch allerlei philologische Spitzfindigkeiten, sondern unbefangen irgendwo Quellen für diese Anthroposophie etwa im Laufe dieses neunzehnten Jahrhunderts: Sie finden sie nicht. Sie finden einzelne Spuren von spiritueller Auffassung, die dann wie Keime, aber Keime sehr spärlicher Art, Verwendung finden konnten in dem ganzen Gefüge der Anthroposophie; aber eine eigentliche Vorbereitung innerhalb des Irdischen ist ja nicht vorhanden.

Um so stärker ist die Vorbereitung im Übersinnlichen. Und schließlich, inwiefern Goethes Wirken, auch nach seinem Tode – wenn auch das in meinen Büchern anders aussieht – mitgewirkt hat an der Gestaltung der Anthroposophie, das wissen Sie ja alle. Das Wichtigste in bezug auf diese Dinge, das unmittelbar Wichtigste hat sich schon im Übersinnlichen abgespielt. Aber wiederum wenn man so lebendig zurückverfolgt das geistige Leben des neunzehnten Jahrhunderts bis zu Goethe, Herder, sogar meinetwillen bis zu Lessing zurück, dann erscheint einem dennoch dasjenige, was in einzelnen Geistern des ablaufenden achtzehnten Jahrhunderts, der ersten Hälfte des neunzehnten Jahrhunderts gewirkt hat, wenn es auch wie zum Beispiel bei Hegel in starken Abstraktionen auftritt oder in abstrakt bildhafter Art wie bei Schelling, es erscheint einem dennoch mindestens sehr stark spirituell angehaucht.

Denn ich glaube, man erkennt in meinen «Rätseln der Philosophie» aus der Art und Weise, wie ich Schelling, wie ich Hegel geschildert habe, daß ich dennoch in dem Geistig-Seelischen dieser Entwickelung der Weltanschauung auf etwas hinweisen wollte, was dann einlaufen kann in das Anthroposophische. Ich versuchte ja auch in meinem Buche «Die Rätsel der Philosophie» diese Abstraktionen, die da auftreten, ich möchte sagen, mit dem Gemüte zu erfassen. Ich darf da vielleicht ganz besonders auf das Kapitel über Hegel hinweisen, auch auf manches, was über Schelling gesagt ist.

Aber man muß eben doch noch tiefer gehen. Dann findet man merkwürdige Erscheinungen, die da im Geistesleben der ersten Hälfte des neunzehnten Jahrhunderts auftreten und die dann nur, ich möchte sagen, zunächst versanken in demjenigen, was geistiges Leben, materialistisches Leben der zweiten Hälfte des neunzehnten Jahrhunderts war. Und doch tritt in alledem etwas auf, worin, wenn auch in abstrakten Begriffen, eben durchaus Spirituelles ist, spirituelles Leben und Weben darinnen ist.

Insbesondere interessant und immer interessanter, je mehr man sich in ihn einliest, wird der Philosoph *Schelling.* Ich möchte sagen, er beginnt fast wie Fichte mit willensdurchtränkten, scharf markierten, reinen Ideen. So trat ja Fichte auf. Johann Gottlieb Fichte ist ja eine der wenigen Persönlichkeiten in der Weltgeschichte, vielleicht in seiner Art überhaupt einzig in gewisser Beziehung, eine Persönlichkeit, die die stärksten Begriffsabstraktionen zu gleicher Zeit mit Enthusiasmus und Energie des Willens verband, so daß man gerade in ihm eine sehr interessante Erscheinung vor sich hat: Der kurze, gedrungene Fichte, im Wachstum etwas zurückgeblieben durch die Entbehrungen der Jugend, der, wenn man ihm auf der Straße nachschaute, mit einem ungeheuer fest auftretenden Schritte ging, alles Wille, Wille, der sich auslebt in der Darstellung der abstraktesten Begriffe, aber mit diesen abstraktesten Begriffen doch wiederum so etwas erreicht wie jene «Reden an die deutsche Nation», die er gehalten hat, mit denen er unzählige auf wunderbare Weise begeistert hat.

Schelling tritt fast fichtisch auf, nicht mit solcher Kraft, aber mit solcher Gedankenart. Wir sehen aber sehr bald, daß sich Schellings Geist erweitert. Geradeso wie Fichte von Ich und Nicht-Ich und von allerlei ähnlichem Abstrakten redet, redet auch Schelling in seiner Jugend, begeistert damit auch in Jena die Leute. Aber ihn verläßt das alsobald, der Geist erweitert sich, und wir sehen in ihn einziehen, wenn auch phantasie-gestaltete, aber wiederum fast nach Imaginationen hinzielende Vorstellungen. Es geht eine Weile weiter, dann vertieft er sich in solche Geister wie Jakob Böhme, beschreibt etwas, was dem ganzen Ton und Stile nach ganz verschieden ist von seiner früheren Wirksamkeit: die Grundlage der menschlichen Freiheit, eine Art Auferweckung der Ideen Jakob Böhmes. Wir sehen dann, wie in Schelling der Platonismus fast auflebt. Ein Weltanschauungsgespräch «Bruno» verfaßt er, das wirklich an Platos Gespräche erinnert, das sehr eindringlich ist. Interessant ist auch ein anderes Schriftchen, «Clara», worinnen die übersinnliche Welt eine große Rolle spielt.

Dann schweigt Schelling furchtbar lange. Er wird von seinen Mit-Philosophen, ich möchte sagen, für einen Lebendig-Toten gehalten und veröffentlicht dann nur die außerordentlich bedeutsame Schrift über die Samothrakischen Mysterien, – wiederum Erweiterung seines Geistes. Er lebt aber vorerst noch in München, bis ihn der König von Preußen beruft, an der Berliner Universität diejenige Philosophie vorzutragen, von der Schelling sagt, daß er sie in der Stille seiner Einsamkeit durch die Jahrzehnte hindurch erarbeitet habe. Und jetzt tritt Schelling in Berlin auf mit derjenigen Philosophie, die dann in seinen nachgelassenen Werken als «Philosophie der Mythologie» und als «Philosophie der Offenbarung» enthalten ist. Er macht keinen großen Eindruck auf das Berliner Publikum, denn der Tenor dessen, was er in Berlin redet, ist doch eigentlich der: Mit allem Nachdenken bringt der Mensch es zu gar nichts in bezug auf die Weltanschauungen; es muß etwas in die Menschenseele hineinkommen, was als wirkliche geistige Welt das Nachdenken durchlebt.

Da erscheint plötzlich statt der alten rationalistischen Philosophie bei Schelling ein Wiedererwecken der alten Götterphilosophie, der Mythologie, ein Wiedererwecken der alten Götter, und zwar in einer auf der einen Seite ganz modernen Weise; aber aus allem sieht man: Da wirkt nach alte Geistigkeit. Es ist ganz merkwürdig.

Was er über das Christentum in der Philosophie der Offenbarung entwickelt, darin sind immerhin bedeutsame Anregungen gegeben, wenn auch in ganz abstrakten Formen, für dasjenige, was für manchen Punkt des Christentums auch innerhalb der Anthroposophie aus der geistigen Anschauung heraus gesagt werden muß.

So leicht wie die Berliner kann man ganz gewiß über Schelling nicht hinweggehen. Man kann überhaupt nicht über ihn hinweggehen! Die Berliner gingen ganz leicht drüber hinweg. Als sich ein Sprößling Schellings vermählte mit der Tochter eines preußischen Ministers – ein äußerlich mit der Sache zusammenhängendes, wenn auch karmisch zusammenhängendes Ereignis –, hörte ein preußischer Funktionär von dieser Tatsache und sagte, früher hätte er nie gewußt, warum eigentlich Schelling nach Berlin gekommen wäre, jetzt wüßte er es.

Aber man kann schon in innere Schwierigkeiten und Konflikte hineinkommen, wenn man Schelling so verfolgt. Zu alledem wird immer diese letzte Periode Schellings in den Philosophie-Geschichten zwar greulich geschildert, aber es steht überall da über diesem Kapitel der Titel: «Schellings Theosophie». – Nun, es war immer wiederum so, daß ich mich mit Schelling viel beschäftigte. Es ging immer, trotz der abstrakten Form, eine bestimmte Wärme aus von dem, was in Schelling lebte. So habe ich in verhältnismäßiger Jugend zum Beispiel mich viel beschäftigt mit jenem platonischen Gespräche, das ich eben erwähnt habe: «Bruno, oder über das göttliche und natürliche Prinzip der Dinge».

Schelling, der ja seit dem Jahre 1854 wieder in der geistigen Welt weilte, Schelling kam einem eigentlich gerade durch dieses Gespräch «Bruno», wenn man es vornahm, es durchlebte, durch seine «Clara», namentlich aber durch die Schrift über die Samothrakischen Mysterien ungemein nahe. Man kam leicht in die wirkliche, reale, spirituelle Nähe Schellings. Und da wurde mir denn doch eigentlich schon im Beginn der neunziger Jahre des vorigen Jahrhunderts völlig klar – bei den anderen Persönlichkeiten, die für die Weltanschauung in der ersten Hälfte des neunzehnten Jahrhunderts wirkten, mag das gewesen sein wie immer, aber bei Schelling war es klar –: da wirkt geistige Inspiration dennoch herein. In Schelling wirkte geistige Inspiration fortdauernd herein.

Und so konnte man das folgende Bild haben: Sagen wir, zunächst unten in der physischen Welt den durch seine mannigfachen Lebensschicksale gehenden Schelling, der, wie ich gesagt habe, unter diesen Schicksalen eine lange Einsamkeit hatte, der in der mannigfaltigsten Weise behandelt wurde von seinen Mitmenschen, zuweilen mit riesiger, großartiger Begeisterung, zuweilen verhöhnt, verspottet, dieser Schelling, der eigentlich immer einen bedeutsamen Eindruck machte, wenn er wieder persönlich auftrat, er, der kurze, gedrungene Mann mit dem ungeheuer ausdrucksvollen Kopfe, den im spätesten Alter noch funkelnden, feuerfunkelnden Augen, aus denen das Feuer der Wahrheit sprach, das Feuer der Erkenntnis, dieser Schelling, man kann ganz deutlich sehen, je mehr man auf ihn eingeht: er hat Momente, wo Inspiration von oben in ihn hereinfällt.

Am alleranschaulichsten wurde mir das, als ich die Rezensionen von Robert Zimmermann – von dem Sie ja wissen, daß von ihm das Wort «Anthroposophie» herrührt, aber seine Anthroposophie ist ein Gestrüppe von Begriffen – über Schellings Schrift über die «Weltalter» las. Ich schätze Robert Zimmermann sehr, aber dazumal mußte ich denn doch innerlich in den Seufzer ausbrechen: O du Philister!

Da ging ich denn wieder zurück zu Schellings Schrift selber von den Weltaltern, die ja auch etwas abstrakt geschrieben ist, von der man aber sogleich erkennt: Da ist etwas drinnen wie eine Schilderung der alten Atlantis in ganz spiritueller Art, mannigfach verzerrt durch die Abstraktionen, aber es ist etwas darinnen.

Sie sehen also, es ist überall etwas da, was gerade bei Schelling so hereinwirkt, daß man sagen kann: Da unten ist Schelling, und da oben geschieht etwas, was auf Schelling herunterwirkt. Da bei Schelling wird es besonders anschaulich, daß eigentlich ein fortwährendes Wechselspiel der geistigen Welt oben und der Erdenwelt unten in bezug auf die geistige Entwickelung vorhanden ist. Und als ich dann einmal so in der Mitte der neunziger Jahre ganz besonders intensiv damit beschäftigt war, dasjenige aufzusuchen, was die spirituellen Grundlagen des Michael-Zeitalters sind und ähnliches, und wo ich dann selber hineinkam in eine Lebensphase – ich kann ja diese Dinge im «Lebensgang» nur andeuten, aber ich habe es schon angedeutet –, in der ich stark miterleben mußte die Welt, die unmittelbar angrenzt an unsere sinnlich-physische Welt, die aber eben doch durch eine dünne Wand von ihr getrennt ist – in dieser nächsten Welt spielen sich ja eigentlich die gigantischen Tatsachen ab, sie sind gar nicht so stark getrennt von unserer Welt –, als ich da in Weimar war, wo ich auf der einen Seite außerordentlich stark das gesellige Leben von Weimar nach allen Seiten hin miterlebte, aber zur gleichen Zeit die innere Notwendigkeit hatte, mich wiederum stark von allem zurückzuziehen, so daß diese Dinge parallel gingen: da war das für mich selber aufs höchste gestiegen, daß eigentlich immer bei mir ein stärkeres Miterleben der geistigen Welt als der physischen Welt vorhanden war. So daß es mir schon als junger Mensch nicht sehr schwer geworden ist, irgendeine Weltanschauung, die in meine Sphäre trat, schnell zu überblicken; aber ich mußte mir irgendeinen Stein oder eine Pflanze, die ich wiedererkennen sollte, nicht drei-, viermal, sondern fünfzig-, sechzigmal anschauen, – ich konnte nicht leicht die Seele verbinden mit demjenigen, was in der physischen Welt auf physische Art Namen bekommt.

Das war damals aufs höchste gestiegen gerade während der Weimarer Zeit. Weimar ist ja dazumal, lange bevor die konstitutionelle Republikaner-Versammlung dort stattgefunden hat, wirklich ein Ort gewesen wie eine Oase, wie eine geistige Oase, ganz anders als andere Orte in Deutschland. Da in diesem Weimar, wie ich in meinem «Lebensgang» gesagt habe, erlebte ich schon meine Einsamkeiten. Und da nahm ich dann wieder einmal, um hinter manches zu kommen, Schellings «Gottheiten von Samothrake» und seine «Philosophie der Mythologie» 1897 eigentlich bloß zur Anregung in die Hand, nicht um drinnen zu studieren, sondern zur Anregung, so wie man äußere Hilfsmittel verwendet. Nicht wahr, sagen wir, es will irgendeiner, der in der geistigen Welt forscht, sich einmal die Forschung erleichtern: es sind eben bloß äußere Hilfsmittel, die man da hat, wie man ja auch technische Hilfsmittel hat, die dann mit der eigentlichen Sache nicht recht im Zusammenhang stehen. Will einer, sagen wir, über die Zeit der ersten christlichen Jahrhunderte forschen, so legt er sich einmal ein paar Nächte die Schriften des heiligen Augustinus oder des Clemens von Alexandrien unter den Kopf; das ist eine äußere Anregung, wie irgendein technisches Hilfsmittel beim Erinnern. So nahm ich dazumal die «Gottheiten von Samothrake» des Schelling, die «Philosophie der Mythologie» in die Hand. Aber eigentlich hatte ich dasjenige im Auge, was da im Laufe des neunzehnten Jahrhunderts sich eben so abspielte, daß es dann gleichsam erst herunterströmte und zur Anthroposophie werden konnte.

Da, als ich Schelling wirklich nun in seinem biographischen Werdegang verfolgen konnte, aber nicht deutlich – klar wurde das erst viel, viel später, als ich meine «Rätsel der Philosophie» geschrieben habe –, da konnte ich – wie gesagt, nicht ganz deutlich – wahrnehmen, wie vieles in Schellings Schriften eigentlich von ihm nur unter Inspiration niedergeschrieben ist, und daß der Inspirierende Julian Apostata-Herzeloyde-Tycho de Brahe ist, der nicht wieder selber auf dem physischen Plane erschienen ist, aber durch Schellings Seele ungeheuer viel gewirkt hat. Und dabei wurde ich gewahr, daß gerade dieser Tycho de Brahe in einer eminent starken Weise nach seinem Tycho de Brahe-Dasein fortgeschritten ist. Durch Schellings Leiblichkeit konnte ja nur wenig durchgehen. Aber wenn man das einmal weiß, daß da Tycho de Brahes Individualität als inspirierend über Schelling schwebt, und dann die genialen Blitze in den «Gottheiten von Samothrake», die genialen Blitze namentlich am Schlusse der «Philosophie der Offenbarung» liest, mit der in ihrer Art doch großartigen Interpretation Schellings der alten

Mysterien, und namentlich wenn man sich in die Sprache, die Schelling da führt, in die so merkwürdige Sprache vertieft, dann hört man bald nicht Schelling reden, sondern Tycho de Brahe. Und dann wird man eben gewahr, wie unter anderen Geistern gerade dieser Tycho de Brahe, der ja auch als Individualität in Julian Apostata war, viel dazu beigetragen hat, daß manches heraufgekommen ist im neueren Geistesleben, was dennoch wiederum so anregend gewirkt hat, daß wenigstens die äußeren Formen des Ausdruckes für das anthroposophisch Geartete manchmal davon hergenommen sind.

Dann wiederum, eine der Schriften aus der deutschen Philosophie, die auf mich einen großen Eindruck gemacht haben, ist die Schrift von *Jakob Frohschammer:* «Die Phantasie als Grundprinzip des Weltprozesses», eine geistvolle Schrift vom Ende des neunzehnten Jahrhunderts. Geistvoll deshalb, weil dieser mutige Mann, der von der Kirche ausgestoßen worden ist, dessen Schriften auf den Index gesetzt wurden, der mutig war auch der Wissenschaft gegenüber, die Verwandtschaft aufdeckte zwischen dem, was rein seelisch in der Phantasie schafft, wenn der Mensch künstlerisch schafft, und demjenigen, was innerlich als Wachstum und Lebenskraft wirkt. Dazu gehörte schon etwas in jener Zeit. «Die Phantasie als Grundprinzip des Weltprozesses», als weltschöpferische Macht, ist schon eine bedeutsame Schrift.

So interessierte mich wiederum dieser Jakob Frohschammer sehr. Ich suchte ihm beizukommen, eben auch real, nicht bloß durch seine Schriften. Wiederum fand ich: Der inspirierende Geist ist derselbe, der in Tycho de Brahe, in Julian Apostata gelebt hat.

So gibt es eine ganze Reihe von Persönlichkeiten, bei denen man sehen kann, wie etwas vorbereitend wirkte für dasjenige, was dann Anthroposophie geworden ist. Aber man braucht überall dahinter das spirituelle Licht, das im Übersinnlichen wirkt. Denn was vorher auf die Erde davon heruntergekommen ist, das sind eben doch Abstraktionen geblieben. Nur konkretisieren sie sich zuweilen bei solch einem Geiste wie Schelling oder bei einem so mutvollen Menschen wie Jakob Frohschammer.

Und sehen Sie, wenn wir heute hinaufschauen zu dem, was da eigentlich wirkt im Übersinnlichen, und wissen, wie Anthroposophie zu dem steht, und wenn wir die Forschung ausdehnen auch in bezug auf die Geschichte in das ganz Konkrete hinein, in das konkrete Geistesleben hinein, dann dient uns wohl auch dieses ganz vorzüglich: Da auf der Erde sind ehrlich zur Anthroposophie strebend eine Anzahl von Seelen, welche den Michael-Strömungen immer nahegestanden haben; da sind in der übersinnlichen Welt eine Anzahl von Seelen, namentlich die Lehrer von Chartres, die zurückgeblieben sind. Zwischen denen, die hier in der sinnlichen Welt sind, und denen, die oben sind in der geistigen Welt, besteht die entschiedenste Tendenz, ihre Wirksamkeiten miteinander zu vereinen.

Und sehen Sie, will man nun für das, was man erforschen soll für die Zukunft des zwanzigsten Jahrhunderts, einen bedeutsamen Helfer haben, sozusagen jemanden, der einem raten kann in bezug auf die übersinnliche Welt, wenn man Impulse braucht, die da drinnen sind, dann ist es die Individualität des Julian Apostata-Tycho de Brahe. Sie ist heute nicht auf dem physischen Plan, aber sie ist eigentlich immer da und gibt immer Auskunft über diejenigen Dinge, die sich namentlich auf das Prophetische in bezug auf das zwanzigste Jahrhundert beziehen.

Und all das zusammennehmend, stellt sich doch heraus: Diejenigen Menschen, die heute in ehrlicher Weise die Anthroposophie aufnehmen, sie bereiten ihre Seele dazu vor, mit möglichster Abkürzung des Lebens zwischen Tod und neuer Geburt am Ende des zwanzigsten Jahrhunderts wiederum zu erscheinen und dann auch vereint zu sein mit jenen Lehrern von Chartres, die zurückgeblieben sind.

Und das ist etwas, meine lieben Freunde, was wir aufnehmen sollten in unsere Seelen: dieses Bewußtsein, daß die anthroposophische Bewegung in ihrem Wesentlichsten dazu berufen ist, weiter zu wirken, – und nicht nur in ihren bedeutsamsten, sondern fast in allen ihren Seelen wieder zu erscheinen mit dem Ende des zwanzigsten Jahrhunderts, wo der große Anstoß für das geistige, für das spirituelle Leben auf Erden gegeben werden soll, weil sonst endgültig die Erdenzivilisation in ihre Dekadenz hineinzieht, deren Eigenschaften sie ja heute so stark zeigt.

Das ist es, was ich gerne möchte: aus solchen Untergründen heraus in Ihren Herzen, meine lieben Freunde, etwas von den Flammen anzünden, die wir brauchen, um das geistige Leben so stark schon jetzt innerhalb der anthroposophischen Bewegung zu machen, daß wir in der rechten Weise vorbereitet erscheinen, wenn jene große Epoche, mit der wir wieder wirken werden auf Erden nach abgekürztem übersinnlichem Leben, wenn jene große Epoche erscheint, bei der für die Rettung der Erde geradezu in ihren wichtigsten Gliedern auf dasjenige gerechnet wird, was Anthroposophen vermögen.

Ich denke, schon der Hinblick auf diese Perspektive der Zukunft kann Anthroposophen begeistern, kann Anthroposophen dazu bringen, in sich die Gefühle hervorzurufen, welche sie in rechter, energischer, tatkräftiger, mit Enthusiasmus gezierter Weise durch das gegenwärtige Erdenleben tragen, damit das eine Vorbereitung sein kann für dasjenige am Ende des Jahrhunderts, wo eben Anthroposophie zu dem Angedeuteten berufen sein soll.

SIEBENTER VORTRAG

Dornach, 18. September 1924

Den heutigen und den morgigen Vortrag möchte ich so gestalten, daß sich daraus einige Richtlinien ergeben können, um die Wirkung des Karma auf der einen Seite, aber auch die Bedeutung von Erkenntnissen, die sich auf das Karma von Menschen beziehen, für die allgemeine Entwickelungsgeschichte namentlich des geistigen Lebens, etwas zu beleuchten. Wir können Karma in seiner Wirksamkeit nicht verstehen, wenn wir nur auf die aufeinanderfolgenden Erdenleben irgendeiner Individualität hinblicken. Es ist ja so, daß man gewiß innerhalb des Erdenlebens, wo einem in starker Beleuchtung die irdische Laufbahn dieses oder jenes Menschen oder seine eigene entgegentritt, sich vor allen Dingen tief interessiert für die Frage: Wie reichen die Ergebnisse vorangegangener Erdenleben in spätere hinüber? – Aber erklärlich würde diese Wirkungsweise niemals werden, wenn man bei den Erdenleben stehenbleiben müßte, denn der Mensch verlebt ja zwischen den Erdenleben das Leben zwischen Tod und neuer Geburt. Und in diesem Leben zwischen Tod und neuer Geburt wird ja das eigentliche Karma ausgearbeitet aus dem, was in einem Erdenleben sich ereignet im Zusammenhange mit anderen Menschenseelen, die entkörpert sind, die karmisch mit ihnen verbunden sind, die auch in dem Leben zwischen dem Tod und einer neuen Geburt sind, und im Zusammenhange mit Geistern der höheren Hierarchien, auch wohl mit Geistern niederer Hierarchien. Und dieses Karma in seiner Ausarbeitung wird nur verständlich, wenn man zu dem außerirdischen Sternenwesen hinschauen kann, das ja in der Art, wie es dem physischen Auge erscheint, nur seine Außenseite zeigt.

Man muß immer wieder sagen: Die Physiker würden in hohem Grade erstaunt sein, wenn sie an Orte kommen würden, wo die Sterne sind, die sie durch ihre Teleskope betrachten, die in den Spektroskopen analysiert werden in bezug auf ihre Substanzen, ja ihre Konstitution. Erstaunt wären diese Physiker, wenn sie hinaufkämen an die Orte, wo diese Sterne sind, die sie durch ihre Teleskope betrachten, und nun sehen würden, daß sie gar nicht das da antreffen, was sie erwarten! Das, was ein Stern der Beobachtung der Erde zeigt, ist ja eigentlich nur ein für sein eigenes Dasein ziemlich wesenloses Nach-außen-Scheinen; während dasjenige, was der Stern enthält, geistiger Art ist, oder wenn es physischer Art ist, sich als Rest, möchte man sagen, eines Geistigen zeigt.

Sie können sich, meine lieben Freunde, am besten in der folgenden Art klarmachen, was da vorliegt. Bedenken Sie einmal, irgendein Bewohner eines anderen Sternes würde in ähnlicher Weise die Erde beobachten, wie bei uns Astronomen und Astrophysiker andere Sterne beobachten: er würde eine Scheibe beschreiben, die in das Weltenall hinausglimmt, leuchtet, bei der er vielleicht dunkle und helle Flecken finden würde, die er irgendwie deuten würde. Wahrscheinlich würde die Deutung mit dem nicht stimmen, was wir Erdenbewohner unter uns wissen. Vielleicht, wenn der Vesuv Feuer speit und man das beobachten könnte, würde er davon reden, daß da von außen Kometen anfliegen und dergleichen. Jedenfalls würde dasjenige, was ein solcher Astronom beschreiben würde, recht wenig zu tun haben mit dem, was Wesenhaftes eigentlich unsere Erde bildet.

Und was bildet denn Wesenhaftes unsere Erde? Denken Sie nur einmal: Unsere Erde ist aus demjenigen hervorgegangen, was ich in meiner «Geheimwissenschaft» als Saturndasein geschildert habe. Da gab es noch keine Luft, keine Gase, keine Flüssigkeit, keine festen Erdenbestandteile, da gab es nur Wärmedifferenzierungen. Und in dieser Wärmedifferenzierung war alles keimhaft darinnen, was später mineralisches, pflanzliches, tierisches Reich geworden ist, auch menschliches Reich. Wir Menschen waren auch noch in diesem Saturn drinnen, in dieser Wärme.

Dann hat sich das weiterentwickelt: Die Luft wurde abgesetzt aus der Wärme heraus, Wasser wurde abgesetzt, das Feste wurde abgesetzt; es sind lauter Reste, die abgesetzt wurden, die da von den Menschen herausgeworfen wurden, um ihre Bildung zu erreichen. Alles, was mineralisch Festes ist, gehört ja zu uns, ist ja nur zurückgebliebener Rest, ebenso das Wässerige, ebenso das Luftförmige. So daß das Wesentliche auf unserer Erde nicht dasjenige ist, was in den Reichen der Natur da ist, auch nicht dasjenige, was wir in den Knochen und in den Muskeln tragen, denn diese sind wieder zusammengesetzt aus dem, was also abgeschieden ist und was wir wieder hereingenommen haben; sondern das Wesentliche sind unsere Seelen. Und das andere ist im Grunde genommen alles mehr oder weniger Schein oder Restprodukt und dergleichen.

Wahrhaftig würde man die Erde nur dann beschreiben, wenn man sie als die Kolonie der Menschenseelen im Weltenraum beschriebe. Und so sind alle Sterne Kolonien von Geistwesen im Weltenraum, Kolonien, die man kennenlernen kann. Unsere eigene Seele, indem sie durch die Pforte des Todes gegangen ist, bewegt sich durch diese Sternenkolonien hindurch, macht ihren weiteren Weg der Entwickelung durch bis zu einer neuen Geburt in Gemeinschaft mit jenen Seelen, die dort schon sind als Menschenseelen, in Gemeinschaft mit den Wesen der höheren Hierarchien oder auch niederer Hierarchien, und kommt dann, entsprechend dem, wie Karma ausgearbeitet ist, wie der Mensch reif geworden ist, wiederum zurück, um einen Erdenleib anzunehmen. So daß wir also, wenn wir Karma verstehen wollen, wiederum zu einer Sternenweisheit, zu einem spirituellen Untersuchen des Menschenweges zwischen Tod und neuer Geburt in Verbindung mit den Sternenwesen kommen müssen.

Nun gibt es aber gerade bis in den Anbruch der Michael-Herrschaft herein für die Menschen der neueren Zeit große Schwierigkeiten, an eine wirkliche Sternenweisheit heranzukommen. Und indem die Anthroposophie dennoch herankommen mußte an diese Sternenweisheit, weiß sie dankbar zu sein dem Umstande, daß eben die Michael-Herrschaft mit dem letzten Drittel des neunzehnten Jahrhunderts über das Geschehen der Erdenmenschheit hereingebrochen ist. Und unter den mancherlei Dingen, die der Michael-Herrschaft zu verdanken sind, ist eben dieses, daß wir wieder einen ungehinderten Zugang zu der Untersuchung desjenigen gewonnen haben, was in den Welten der Sterne untersucht werden muß, damit wir das Karma, die Karmabildung im Menschheitlichen verstehen können.

Ich möchte Ihnen das an einem Beispiel heute zeigen, um Sie langsam in die außerordentlich schwierigen Fragen hereinzuführen, die sich an die Untersuchung über Karma knüpfen. Ich möchte Ihnen ein Beispiel vorführen, an dem Sie gewissermaßen illustrativ ersehen können, was alles zu geschehen hat, bevor man in einer solchen Weise über das Karmawirken sprechen kann, wie das jetzt in diesem Vortrage geschieht. Denn, nicht wahr, man weiß doch: Wenn von dem Inhalt dieser Vorträge irgendwie in der Öffentlichkeit, in der gewöhnlichen populären Öffentlichkeit heute gesprochen würde, so würde man ja das, was ganz exakte Forschung ist, für eine Torheit, für eine Narrheit ansehen. Aber es ist das eben ganz exakte Forschung, und Sie müssen schon bekannt werden mit all den Verantwortlichkeiten, deren man sich bei einer solchen Forschung bewußt wird, müssen bekannt werden mit all demjenigen, was einer solchen Forschung entgegensteht, welche, sozusagen, «Dornenhecken» man zu passieren hat bei einer solchen Forschung. Denn es ist notwendig, daß eine Anzahl von Menschen sie wissen können mit all jenen karmischen Eigentümlichkeiten der Michael-Zusammengehörigkeit, von der ich gesprochen habe; wissen eben, daß es sich bei diesen Dingen um ernste geistige Forschung handelt und nicht um dasjenige, was heute der Unkundige, der außerhalb der anthroposophischen Bewegung steht, über solche Dinge denkt.

Die meisten von Ihnen, meine lieben Freunde – ich habe ja die Tatsache zum Teil schon erwähnt –, werden sich einer Gestalt erinnern, die in meinen Mysterien immer und immer wiederum auftritt: der Gestalt des *Strader*.

Diese Gestalt des Strader ist, insofern das bei einer Dichtung der Fall sein kann, in einem gewissen Sinne nach dem Leben gezeichnet. Ich habe das schon vor einigen von Ihnen hier erwähnt. Und die Persönlichkeit des Strader hat eine Art von Vorbild gehabt, das die Entwickelung des letzten Drittels des neunzehnten Jahrhunderts miterlebt hat und in gewissem Sinne zu einer Art von rationalistischem Christentum gekommen ist. Eine Persönlichkeit, welche nach einer außerordentlich schwierigen Jugend – bei der Darstellung des Strader schimmert so etwas davon durch – Kapuziner geworden ist, aber es innerhalb der Kirche nicht aushalten konnte und den Weg dann fand zum Professorenamt.

Diese Persönlichkeit war dann, als sie aus der Theologie hinein in die Philosophie getrieben worden war, begeisterter Schilderer von Lessings freigeistiger Religion geworden. Die Persönlichkeit war dann so, daß sie in eine Art innerlichen Konfliktes gekommen ist mit dem offiziellen Christentum, und aus der Vernunft heraus eine Art rationalistisches Christentum begründen wollte, ziemlich bewußt. Und die Seelenkämpfe, die man bei Strader in meinen Mysteriendramen findet, spielten sich schon mit einer gewissen Variante bei dieser Persönlichkeit im Leben ab.

Nun wissen Sie ja, daß in meinem letzten Mysteriendrama die Persönlichkeit des Strader stirbt. Und wenn ich selber zurückblicke auf die Art und Weise, wie sich mir Straders Persönlichkeit in das Ganze meiner Mysteriendramen hineinverwoben hat, dann muß ich sagen: Trotzdem ja gar kein äußerliches Hindernis gewesen wäre, auch den Strader noch weiterleben zu lassen, wie die anderen weiter leben, – er stirbt aus einer inneren Notwendigkeit heraus! So daß es sogar möglich ist, den Tod Straders als eine Überraschung im Mysteriendrama zu sehen. Es stirbt Strader in einem gewissen Momente: Ich hatte das Gefühl, ich könnte den Strader nicht weiter behandeln in den Mysteriendramen.

Warum das? Ja, sehen Sie, meine lieben Freunde, mittlerweile ist, wenn ich es so nennen darf, das Original gestorben. Und Sie können sich denken, wie tief dieses Original mich interessiert hat in seinem Entwickelungsgange, da ich gerade die Gestalt des Strader entworfen hatte. Dieses Original interessiert mich weiter, auch nachdem es durch die Pforte des Todes gegangen war.

Aber nun besteht da eine gewisse Eigentümlichkeit. Wenn wir gerade veranlaßt sind, mit dem schauenden Auge eine Persönlichkeit zu verfolgen in der Zeit, die auf den Tod folgt, die ein Drittel ungefähr des physischen Erdenlebens dauert – das Erdenleben wird ja im rückwärtigen Gang in einer gewissen Weise wiederholt, aber mit dreifacher Schnelligkeit –, was erlebt denn der Mensch eigentlich da in den Jahrzehnten, die unmittelbar an das Erdenleben angrenzen?

Wenn Sie sich ein Menschenleben hier auf Erden vorstellen, so zerfällt es in Tage und Nächte, Wachzustände, Schlafzustände. In den Schlafzuständen sind immer schon bildhaft Reminiszenzen an das Tagesleben. Wenn man so zurückblickt auf das Leben, erinnert man sich gewöhnlich ja nur der Tageszustände, der Wachzustände, man gibt gar nicht acht; denn man müßte eigentlich die Erinnerungen so gestalten: Da erinnere ich mich vom Morgen bis zum Abend, jetzt bricht's ab, vom Morgen bis zum Abend – bricht wieder ab, vom Morgen bis zum Abend – bricht wieder ab.

Aber weil da in der Nacht nichts drinnen ist in der Erinnerung, ziehen wir die Linie einfach glattweg durch und fälschen unsere Erinnerungen, indem wir nur die Tage aneinandersetzen. Aber nach dem Tode müssen wir dasjenige in starker Realität durchleben, was in den Nächten, während des dritten Teils des Lebens ungefähr, vorhanden war, und zwar rückwärts durchleben. Und da ist das Eigentümliche eben: Man hat ja ein gewisses Seinsgefühl, möchte ich sagen, ein Wirklichkeitsgefühl von dem, was einem auf Erden entgegentritt. Würde man dieses Wirklichkeitsgefühl nicht haben, so würde man ja alles, was einem bei Tag begegnet, auch für Träume halten können. Man hat also ein gewisses Wirklichkeitsgefühl. Man weiß, die Dinge sind wirklich, sie stoßen einen, wenn man an sie anstößt, sie senden einem Licht zu, senden Töne zu. Kurz, es gibt vieles, was veranlaßt, daß wir ein Wirklichkeitsgefühl haben hier während unseres Erdenlebens zwischen Geburt und Tod.

Aber wenn man all das nimmt, was wir hier als Wirklichkeitsgefühl haben, wenn Sie, meine lieben Freunde, all das nehmen, was Sie als Wirklichkeit der Menschen bezeichnen, denen Sie hier begegnen, so ist alles das in seiner Intensität wie Traumwirklichkeit gegenüber der ungeheuer intensiven Wirklichkeit, die man in diesen Jahrzehnten unmittelbar nach dem Tode erlebt und die der

Betrachter miterlebt. All das erscheint einem viel realer, das Erdenleben erscheint einem so, als ob es ein Traum wäre, es ist, als ob eigentlich die Seele jetzt erst aufwachte in bezug auf die Intensität des Lebens. Das ist das Eigentümliche.

Und als ich dieses Vorbild des Strader verfolgte, nahm mich natürlich das Wirkliche, die wirkliche Individualität, die da lebte nach dem Tode, viel mehr in Anspruch als die Erinnerung an das Erdenleben, das ja gegen das, was da im Tode auftritt, wie im Traum erscheint. So daß ich gegenüber den starken Eindrücken des Toten nicht mehr das Interesse für den Lebenden hätte entwickeln können, um es zu beschreiben.

Ich kann also hier aus der eigenen Erfahrung heraus sprechen, wie wenig intensiv das Erdenleben ist gegenüber dem Leben, das einem da entgegentritt, wenn man den Menschen verfolgt nach dem Tode, und das intensivstes Leben ist. Und wenn man nun, gerade da, wo durch das angefachte Erdeninteresse dieses besondere Interesse erregt ist für das Leben nach dem Tode, aufmerksam zu verfolgen versucht, wie das nun weitergeht, dann merkt man die sich entgegensetzenden Schwierigkeiten. Denn wenn man ganz richtig beobachtet, eindringlich beobachtet, so sieht man, wie in diesem Rückwärtsleben nach dem Tode, das ungefähr ein Drittel der Lebenszeit in Anspruch nimmt, sich bereits zeigt, daß der Tote an seine Karmabildung vorbereitend heranwill. Er sieht ja alles dasjenige, was er durchgemacht hat während des Lebens, bei diesem umgekehrten, bei diesem Zurück-Erleben. Wenn er einen Menschen beleidigt hat, erlebt er das wiederum. Sterbe ich als Dreiundsiebzigjähriger und habe in meinem sechzigsten Lebensjahr jemand beleidigt, so erlebe ich das im Rückwärtswandern wieder; aber ich erlebe es so, daß ich nicht die Gefühle erlebe, die ich beim Beleidigen gehabt habe, sondern die Gefühle, die der andere über mein Beleidigen gehabt hat. Ich lebe mich ganz in den anderen hinüber. Und so lebe ich eigentlich mit meinen eigenen Erlebnissen in denjenigen Menschen, die von diesen Erlebnissen berührt worden sind im guten oder bösen Sinn. Und da bereitet sich dann bei einem selber die Tendenz vor, den karmischen Ausgleich zu schaffen.

Nun war das Interesse, das ich an diesem irdischen Vorbilde des Strader hatte, das mir jetzt als eine übersinnliche Individualität gegenübertrat, namentlich dadurch angefacht, daß dieses Vorbild wirklich in einer eindringlich scharfsinnig rationalistischen Weise das Christentum erfassen wollte. Man bewundert dabei den Denker; aber man merkt überall bei dieser rationalistischen Darstellung des Christentums in den Büchern jenes Menschen, die er auf Erden geschrieben hat, wie der Faden des Rationalismus, der Faden der Begriffe abreißt, wie im Grunde doch etwas furchtbar Abstraktes dabei herauskommt, wie der Betreffende nicht hineinkommen kann in ein spirituelles Erfassen des Christentums, wie er mit philosophischen Begriffen eine Art Begriffsreligion sich zusammenzimmert und so weiter. Kurz, die ganze Schwäche des Intellektualismus moderner Zeit tritt bei dieser Persönlichkeit auf.

Das wiederum zeigt sich in einer merkwürdigen Weise beim Verfolgen seines Lebensweges nach dem Tode zurück. Man findet bei Menschen, bei denen nicht solche Schwierigkeiten auftreten, daß sie sich nun allmählich hineinleben in die Sphäre des Mondes. Das ist die erste Station. Und wenn wir als Tote in die Mondenregion kommen, finden wir ja dort alle diejenigen, ich möchte sagen, «Registratoren» unseres Schicksals, welche einmal die weisen Lehrer der Menschen in Urzeiten waren, von denen man oft hier gesprochen hat und die, als der Mond physisch sich von der Erde getrennt hat und aus einem Erdeninhalte ein eigener Weltkörper geworden ist, dann diesem Monde gefolgt sind. So daß wir heute, wenn wir die Mondenregion als Tote passieren, zunächst die großen Urlehrer der Menschheit antreffen, die nicht im physischen Leibe da waren, die aber die Urweisheit begründet haben, von der nur ein Abglanz vorhanden ist in demjenigen, was literarisch überliefert ist. Wir finden uns, wenn eben keine Hemmnisse eintreten, sozusagen ungehindert auf dem Wege in diese Mondenregion hinein.

Bei der Persönlichkeit, die das Urbild des Strader ist, trat etwas auf, wie wenn sie überhaupt nicht in der Lage wäre, ungehindert dieses unmittelbar auf den Tod folgende seelische Leben gegen die Mondenregion durchzumachen: fortwährend Hindernisse, wie wenn die Mondenregion diese Individualität nicht herankommen lassen wollte.

Und wenn man in bildhafter Imagination verfolgte, was da eigentlich war, dann zeigte sich das Folgende: Es war, wie wenn die Geister, also die Urlehrer der Menschheit, die einmal die ursprüngliche spirituelle Wissenschaft der Menschheit gebracht haben, wie wenn diese Urlehrer der Menschheit immer diesem Urbilde des Strader entgegenrufen würden: Du kannst nicht zu uns, denn du darfst deiner besonderen menschlichen Qualität wegen noch nichts wissen von den Sternen; du mußt warten, du mußt Verschiedenes erst dir wiederholen von dem, was du nicht bloß in der letzten, sondern in den früheren Inkarnationen durchgemacht hast, damit du reif wirst, überhaupt irgend etwas wissen zu dürfen von den Sternen und ihrer Wesenheit.

Und da trat dieses Merkwürdige auf, daß man eine Individualität vor sich hatte, die dem Geistigen der Sternenwelt eigentlich gar nicht entgegenwachsen kann oder schwer entgegenwachsen kann. Sie wird ihr natürlich entgegenwachsen, aber sie kann ihr nur schwer entgegenwachsen. Und so habe ich gerade an dieser Persönlichkeit die merkwürdige Entdeckung gemacht, daß es bei solchen neueren rationalistisch-intellektualistischen Individualitäten ein Hindernis in der Karma-Ausgestaltung ist, daß sie nicht an die Sterne in ihrer Wesenheit so ungehindert herankommen können. Bei der weiteren Nachforschung ergab sich, daß diese Persönlichkeit eben alle Kraft zu ihrem Rationalismus aus der Zeit geholt hat, die noch dem Anbruche der Michael-Herrschaft voranging. Sie war noch nicht berührt in richtiger Weise von der Michael-Herrschaft.

Nun wurde aber ganz stark herausgefordert die weitere Prüfung des Karma dieser Persönlichkeit für die Vergangenheit. Denn ich mußte mir sagen: Da liegt doch etwas vor, was diese Persönlichkeit aus den Ergebnissen vergangener Erdenleben karmisch so präpariert, daß das nicht nur im Erdenleben sich auswirkt, sondern noch hineinstößt in das Leben, das nach dem Tode liegt. Es ist das schon ein recht merkwürdiges Phänomen.

Da zeigte sich denn, daß das Leben, welches vorangegangen ist diesem Ihnen skizzenhaft beschriebenen Erdenleben, das in der Gestalt des Strader sich spiegelt, das Leben, das diesem Erdenleben in den geistigen Welten vorangegangen ist, ein arges Prüfungsleben war, ein rechtes Prüfungsleben im Übersinnlichen: Wie soll ich's denn mit dem Christentum halten?

Man möchte sagen, es bereitet sich langsam da im Übersinnlichen etwas vor, was diese Persönlichkeit unsicher macht in bezug auf die Auffassung ihres Christentums im Erdenleben. Auch das schimmert in der Strader-Figur durch: Sie ist in nichts sicher, weist ab in einer gewissen Weise dasjenige, was übersinnlich ist, will es nur mit dem Verstande erfassen, will aber doch etwas sehen. Erinnern Sie sich an die Schilderung des Strader. So ist es schon; so ist diese Persönlichkeit auch im Leben aus ihrem Karma in früherer Zeit herausgewachsen. Und es zeigt sich, daß tatsächlich diese Persönlichkeit beim Durchgange durch das Leben zwischen Tod und neuer Geburt, vor diesem Erdenleben am Ende des neunzehnten Jahrhunderts und im Beginn des zwanzigsten Jahrhunderts, in sehr stark abgedämpftem Bewußtseinszustande durch das Sternenleben durchgegangen ist, abgedämpft gerade dieses Leben zwischen Tod und neuer Geburt durchläuft. Dadurch trat dann im Leben die Reaktion auf, um so hellere, festere Begriffe zu fassen gegenüber den stumpfen Begriffsbildern, die diese Persönlichkeit zwischen dem Tode und einer neuen Geburt durchmachte.

Wenn man nun hinüberkommt über diese, ich möchte sagen, die Sternenwelten immer wie im Nebel zeigenden Erscheinungen zu dem vorigen Erdenleben dieser Persönlichkeit, da findet man etwas höchst Merkwürdiges. Da wird man zunächst – wenigstens ich wurde es – geführt zu dem «Sängerkrieg auf der Wartburg» 1206, gerade in der Zeit, die ich Ihnen geschildert habe als diejenige, in der die alten Platoniker zum Beispiel der Schule von Chartres hinaufgegangen waren in die geistige Welt, die anderen, die Aristoteliker, noch nicht heruntergekommen waren und wo über das eigentliche fortlaufende Michael-Geschehen eine Art himmlischer

Konferenz zwischen beiden, eine Besprechung stattfand. In diese Zeit fällt der Sängerkrieg auf der Wartburg hinein.

Es ist immer interessant, zu verfolgen: Was ist hier auf Erden, und was ist darüber? Und so haben wir ein Ereignis in dem Sängerkrieg auf der Wartburg, das mit der fortlaufenden Michael-Strömung nicht unmittelbar zusammenhängt.

Nun, wer war im Sängerkrieg auf der Wartburg? Es waren ja bedeutendste deutsche Dichter da vereinigt, die miteinander kämpften durch Gesang. Es ist ja bekannt, worinnen der Sängerkrieg auf der Wartburg bestand, wie da kämpften um den Ruhm von Fürsten und um ihre eigene Geltung Walther von der Vogelweide, Wolfram von Eschenbach, Reinmar von Zweter, daß aber einer da war, der im Grunde gegen alle anderen war: *Heinrich von Ofterdingen*. Und in diesem Heinrich von Ofterdingen fand ich die Individualität, die dem Urbilde des Strader zugrunde lag, wieder.

Also haben wir es mit dem Heinrich von Ofterdingen zu tun – und wir müssen unsern Blick darauf wenden: Warum hat Heinrich von Ofterdingen, nachdem er durch die Pforte des Todes gegangen ist, die Schwierigkeit, wie im Dämmerzustand durchzugehen durch die Sternenwelt? Warum?

Da braucht man nur die Geschichte des Sängerkrieges ein wenig zu verfolgen: Heinrich von Ofterdingen nimmt den Kampf auf gegen die andern. Man hat schon den Henker gerufen: er soll gehenkt werden, wenn er verliert. Er entzieht sich der Sache. Aber er ruft, um einen erneuerten Kampf herbeizuführen, aus dem Ungarlande den Zauberer Klingsor. Er bringt den Zauberer Klingsor aus dem Ungarlande ja wirklich nach Eisenach.

Nun spielt sich da eine neuere Art Wartburgkrieg ab, bei dem Klingsor mitwirkt. Man sieht aber ganz deutlich: Klingsor, der jetzt eintritt für Heinrich von Ofterdingen, der selber kämpfend, singend auftritt, kämpft nicht allein, sondern er läßt geistige Wesenheiten mitkämpfen. Und um geistige Wesenheiten mitkämpfen zu lassen, läßt er ja zum Beispiel einen Jüngling besessen sein von einer solchen geistigen Wesenheit, läßt den dann statt seiner singen. Und er läßt noch stärkere geistige Kräfte auf der Wartburg auftreten.

All dem, was da von Klingsors Seite kommt, all dem steht gegenüber Wolfram von Eschenbach. Eine Prozedur, die Klingsor ausführt, besteht ja namentlich darinnen, daß eine solche geistige Wesenheit dahinterkommen soll, ob Wolfram von Eschenbach ein gelehrter Mensch ist oder nicht. Klingsor ist etwas in die Enge getrieben durch Wolfram von Eschenbach. Denn als Wolfram von Eschenbach merkt, daß da Geistiges im Spiele ist, da singt er von dem heiligen Abendmahl, von der Transsubstantiation, von der Gegenwart Christi im Abendmahl, – und der Geist muß weichen, er kann das nicht vertragen. Hinter diesen Dingen liegen ja durchaus wirkliche Realitäten, wenn ich diese Tautologie gebrauchen darf.

Und es gelingt Klingsor, dem Wolfram von Eschenbach mit Hilfe mancher geistiger Wesenheiten zu beweisen, daß Wolfram von Eschenbach wohl ein sternenloses Christentum hat, das nicht mehr mit dem Kosmos rechnende Christentum hat, aber ganz ungelehrt ist in aller kosmischen Weisheit. Darauf kommt es nun an. Klingsor hat bewiesen, daß der Sänger des Gral schon in jener Zeit nur alles das vom Christentum kennt, was das kosmische Christentum abgestreift hat. Und Klingsor kann ja nur dadurch in der geistig unterstützten Weise auftreten, daß er die Sternenweisheit hat. Aber schon aus der Art und Weise, wie er sie verwendet, sieht man, daß sich dasjenige, was man «schwarze Magie» nennt, in seine Künste hineinmischt.

Und so sehen wir denn, wie auf eine unrichtige Weise dem Sternen-Laien Wolfram von Eschenbach die Sternenweisheit entgegengestellt worden ist. Wir stehen in der Zeit des dreizehnten Jahrhunderts, vor dem Auftreten jener Dominikaner, von denen ich gesprochen habe; wir stehen in der Zeit, wo das Christentum gerade da, wo es besonders groß war, abgestreift hat alle Einsicht in die Sternenwelt und wo im Grunde genommen nur da, wo innerliche Entfremdung von dem Christentum war, noch Sternenweisheit vorhanden war, wie bei dem Klingsor aus dem Ungarlande.

Nun hatte Heinrich von Ofterdingen den Klingsor herbeigerufen, hatte also den Bund geschlossen mit der unchristlichen Sternenweisheit. Dadurch ist in einer gewissen Weise Heinrich von Ofterdingen verbunden geblieben nicht nur mit der Persönlichkeit des Klingsor, die später aus seinem übersinnlichen Leben eigentlich verschwunden ist, sondern namentlich verbunden geblieben zunächst mit der entchristeten Kosmologie des Mittelalters. Und so lebte er weiter zwischen dem Tode und einer neuen Geburt, wird dann wiedergeboren in der Art, wie ich es Ihnen geschildert habe, lebt sich in eine gewisse Unsicherheit des Christentums hinein.

Aber das Wesentliche ist dieses: Er stirbt wiederum, macht den Weg zurück, und indem er den Weg zurück macht in der Seelenwelt, steht er auf Schritt und Tritt der Notwendigkeit gegenüber, um wiederum an die Sternenwelt heranzukommen, durch den harten Kampf durchzugehen, den Michael bei Inanspruchnahme seiner Herrschaft führen mußte gerade im letzten Drittel des neunzehnten Jahrhunderts gegen jene dämonischen Gewalten, die mit der unchristlichen Kosmologie des Mittelalters zusammenhängen. Und um dieses Bild vollständig zu machen: Man konnte ganz genau sehen, wie unter denen, welche nun die Michael-Herrschaft hart bekämpften, gegen welche die Geister des Michael vorgehen mußten, gerade diejenigen geistigen Wesenheiten jetzt noch sind, welche dazumal auf der Wartburg von Klingsor beschworen worden sind, um gegen Wolfram von Eschenbach aufzutreten.

So daß also hier das vorliegt, daß jemand, der durch seine sonstigen karmischen Ergebnisse vorübergehend sogar in den Kapuzinerdienst hereingetrieben war, nicht herankommen konnte an das Christentum, nicht herankommen konnte aus dem Grunde, weil er in sich trug den Antagonismus gegen das Christentum, den er dazumal aufgebracht hatte, als er den Klingsor aus dem Ungarlande zu Hilfe gerufen hat gegen Wolfram von Eschenbach, den Sänger des Parsifal. Und während sich im Unbewußten dieses Mannes noch immer die unchristliche Kosmologie abgedämmert zeigte, war in seinem gewöhnlichen Bewußtsein ein rationalistisches Christentum vorhanden, das nicht einmal besonders interessant ist. Interessant ist nur sein Lebenskampf, mit dem christlichen Rationalismus eine Art rationalistischer Religion begründen zu wollen.

Aber sehen Sie, meine lieben Freunde, das Wichtigste, das Bedeutsamste ist, was man nun sieht als Zusammenhang zwischen abstraktem Rationalismus, abstraktem scharfsinnigem Denken und demjenigen, was im Unterbewußten webt: abgedämpfte, gelähmte Vorstellungen über die Sterne und Beziehungen zu den Sternen leben sich herauf in das Bewußtsein als abstrakte Gedanken.

Und wenn man dann verfolgt, wie geartet in ihrem Karma die auf materialistische Weise gescheitesten Menschen der Gegenwart sind, dann kommt man darauf, daß diese Menschen zumeist in früheren Erdenleben etwas zu tun hatten mit der kosmologischen Abirrung ins Schwarzmagische. Das ist ein bedeutsamer Zusammenhang.

Er hat sich instinktiv in den Bauern erhalten, die von vorneherein einen gewissen Abscheu haben, wenn unter ihnen einer herumgeht, der allzu gescheit ist in rationalistischer Beziehung. Den mögen sie nicht. Da steckt instinktiv in der Anschauung etwas von dem drinnen, was in solche Zusammenhänge gehört.

Ja, meine lieben Freunde, betrachten Sie das aber jetzt alles in unserm Zusammenhang. Solchen Geistern begegnete man im letzten Drittel des neunzehnten und im Beginn des zwanzigsten Jahrhunderts. Sie gehörten zu den interessantesten. So ein wiedergeborener Heinrich von Ofterdingen, der mit dem schwärzesten Magier seiner Zeit, mit Klingsor, zu tun hatte, der erweist sich schon als interessant gerade in seinem rationalistischen Verstande!

Aber es zeigt sich hier, welche Schwierigkeiten bestehen, wenn man in richtiger Art an die Sternenweisheit herankommen will. Und dieses richtige Herankommen an die Sternenweisheit, das man braucht, um Karma zu durchschauen, ist eben nur im Lichte einer richtigen Einsicht in die Michael-Herrschaft und in einem Sich-zu-Michael-Halten möglich.

Das bezeugt Ihnen wiederum, wie durch die ganze Wirklichkeit der neueren Zeit – ich habe Ihnen das heute an einem einzelnen Beispiele gezeigt, an dem Beispiel des Vorbildes des Strader – eine Strömung des geistigen Lebens heraufgekommen ist, die es schwer macht, in unbefangener Art an die Wissenschaft der Sterne, damit an die Wissenschaft des Karma heranzukommen. Wie man das dennoch kann und sicher sein kann, daß man, ungehindert von den Anfechtungen, die heute möglich sind von jener Seite, die ich charakterisiert habe, dennoch an die Sternenweisheit und an die Gestaltung des Karma herankommen kann, davon wollen wir dann morgen weitersprechen.

ACHTER VORTRAG

Dornach, 19. September 1924

Die Betrachtungen, die wir hier angestellt haben, um immer besser zu begreifen, was es heißt, daß die Gegenwart im Zeichen der Michael-Herrschaft steht, sie haben uns ja das letztemal dazu geführt, zu zeigen, wie eigenartig das Karma von Menschen wirken kann; und sie haben uns in einem gewissen Sinne gezeigt, wie diese Schwierigkeiten selbst darauf sich erstrecken können, daß irgendeine Persönlichkeit nicht den Weg findet zwischen Tod und neuer Geburt, um dasjenige zu durchleben, was zum Weben des Karma durch Teilnahme an den Ereignissen der Sternenwelt nötig ist.

Es wird ja selbstverständlich für eine Anschauung, die noch ganz mit dem nur verwoben ist, was hier im physischen Erdenleben vor sich geht, schwierig, die Dinge in sich aufzunehmen, die wirklich aufgenommen werden müssen, wenn mit der Karma-Idee Ernst gemacht werden soll. Aber wir leben nun einmal im Zeitalter großer Entscheidungen, und diese Entscheidungen müssen zunächst auf geistigem Felde da sein. Und auf geistigem Felde werden diese Entscheidungen in der richtigen Weise dadurch vorbereitet, daß gerade aus dem tieferen anthroposophischen Geiste heraus einzelne Menschen den Mut fassen, mit der Betrachtung der geistigen Welt soweit Ernst zu machen, daß sie hinnehmen können dasjenige, was herangetragen wird aus dieser geistigen Welt, um die Erscheinungen des äußeren physischen Lebens zu begreifen.

Deshalb habe ich mich auch nicht gescheut, schon seit einer Reihe von Monaten einzelne Tatsachen des geistigen Lebens heranzutragen, welche geeignet sind, die geistige Konfiguration der Gegenwart zu verstehen. Und ich werde heute einiges weitere vorbringen zur Illustrierung, möchte ich sagen, dessen, was ich dann am Sonntag wohl zum Abschlusse bringen werde, um das ganze Karma des geistigen Lebens der Gegenwart in Verbindung mit dem, was anthroposophische Bewegung soll, zu zeigen.

Zunächst werde ich allerdings heute einiges vorzubringen haben, bei dem Sie nicht gleich einsehen werden, wie es mit unserem Hauptthema zusammenhängt, bei dem Sie aber sofort erkennen werden, daß es das geistige Leben der Gegenwart im eminentesten Sinne charakterisiert aus den Untergründen des geistigen Lebens der Vergangenheit.

Manches wird recht paradox erscheinen, aber das totale Leben hat eben für die irdische Betrachtung Paradoxien. Die Beispiele, die ich heute wähle, sind so, daß sie nicht gewöhnlich sind, denn gewöhnliche Aufeinanderfolgen von Erdenleben zeigen uns in der Regel nicht historische Persönlichkeiten, zeigen uns auch nicht Persönlichkeiten so, daß wir mit oberflächlicher Betrachtung eine fortlaufende Kette sehen würden. Aber es gibt tatsächlich Erdenleben, die so aufeinanderfolgen, daß man, indem man sie zusammenfaßt, gleichzeitig Geschichte darstellt.

Es ist das bei wenigen Individualitäten in so ausgesprochenem Sinne der Fall; aber gerade solche Individualitäten, bei denen wir gewissermaßen auf die einzelne Inkarnation als eine historische hindeuten können, wie ja das schon der Fall war bei einzelnen, die ich im Laufe der Zeit angeführt habe, gerade bei solchen Individualitäten können wir über das Karma außerordentlich viel lernen. Und da möchte ich denn zunächst von einer Persönlichkeit erzählen, die gelebt hat am Ende des ersten christlichen Jahrhunderts, schon dazumal Philosoph war, ein Philosoph, der im ausgesprochensten Sinne zu den Skeptikern gehörte, das heißt zu denen, die eigentlich nichts in der Welt für gewiß halten. Er gehörte zu derjenigen skeptischen Schule, welche zwar schon das Christentum hereinbrechen sah, aber die durchaus auf dem Boden stand, daß man sichere Erkenntnisse überhaupt nicht gewinnen könne, daß man also vor allen Dingen nicht irgendwie sagen könne, ob irgendein göttliches Wesen menschliche Gestalt annehmen könne oder dergleichen.

Diese Individualität – der Name der damaligen Zeit tut nicht viel zur Sache, er war ein *Agrippa* –, diese Individualität, die dazumal verkörpert war, faßte sozusagen alles, was die griechische Skepsis aufgebracht hatte, in ihrer Persönlichkeit zusammen und war in gewissem Sinne eine Persönlichkeit, die wir, wenn wir das Wort nicht in verächtlichem Sinne, sondern mehr als einen Terminus technicus nehmen, sogar einen Zyniker nennen würden; einen Zyniker nicht in bezug auf die Lebensanschauung, da war er Skeptiker, aber Zyniker in bezug auf die Art und Weise, wie er die Dinge der Welt hingenommen hat: nämlich so, daß er eigentlich sehr gern, selbst über recht wichtige Dinge, scherzte. Und es ging dazumal das Christentum an ihm ganz spurlos vorüber. Aber es blieb, als er durch die Pforte des Todes ging, eine Stimmung, die weniger ein Ergebnis seiner Skepsis war – denn das war ja eine philosophische Anschauung, die trägt man nicht sehr weit nach dem Tode mit –, aber dasjenige, was in den inneren Seelen- und Geistgewohnheiten liegt, dieses leichte Hinnehmen von wichtigen Ereignissen des Lebens, dieses Sich-Freuen darüber, wenn sich manches, was wichtig ausschaut, nicht als wichtig erweist: das war so die Grundstimmung. Und so wurde denn diese Grundstimmung in das Leben nach dem Tode hineingetragen.

Nun habe ich ja schon gestern angedeutet: Zunächst tritt der Mensch, wenn er die Pforte des Todes durchlaufen hat, in eine Sphäre ein, welche ihn nach und nach in das Gebiet des Mondes führt. Und ich habe angedeutet, wie da eigentlich die Kolonie der Urweisen der Menschheit ist, jener Urlehrer, die einstmals auf der Erde gelebt haben, dazumal aber nicht in einem physischen Leibe waren, daher auch nicht so lehrten, wie man sich das Lehren von später vorzustellen hat, sondern die nur im ätherischen Leibe wandelten auf der Erde, die so lehrten, daß der eine oder der andere, der von ihnen belehrt sein sollte in den Mysterien, dies empfand wie ein Innewohnen dieser Urweisen. Er hatte das Gefühl: Der Urweise war nun bei mir. – Und als Erfolg dieses Innewohnens des Urweisen empfand er dann eine innere Inspiration, durch welche eben in der damaligen Zeit gelehrt wurde. Das waren die ältesten Zeiten der Erdenentwickelung, wo die großen Urlehrer auf der Erde in ihren ätherischen Leibern wandelten. Diese Urlehrer sind es, die dann sozusagen dem Monde, der sich da als Weltenkörper schon von der Erde getrennt hatte, nachzogen und deren Gebiet nun der Mensch passiert, als erste Station gewissermaßen seiner kosmischen Entwickelung. Sie sind es, die ihn über das Karma aufklären, denn sie haben es ja namentlich mit der Weisheit der Vergangenheit zu tun.

Und als die betreffende Persönlichkeit, Agrippa, in dieses Gebiet eintrat, da war es, daß ihr sehr stark der Sinn einer früheren Inkarnation aufging, die sie gehabt hatte, die besonders charakteristisch war und jetzt gewissermaßen im Rückblick nach dem Tode einen großen Eindruck machte, weil in dieser Inkarnation von der betreffenden Individualität noch viel hatte gesehen werden können von der Art und Weise, wie die Kulte Vorderasiens und Afrikas aus den alten Mysterien hervorgingen.

Diese Individualität machte dann recht intensiv wieder neuerdings durch, übersinnlich, in christlicher Zeit, dasjenige, was sie durchgemacht hatte auf Erden im Zusammenhange mit manchem untergehenden Mysterienwesen Vorderasiens. Und das bewirkte dann, daß sie – sie war ja nicht vom Christentum berührt, wie ich gesagt habe –, daß diese Individualität jetzt sah, übersinnlich sah, wie in den alten Mysterien der Christus erwartet wurde.

Aber da die Mysterien – ich meine die Kulte aus den Mysterienstätten, die diese Persönlichkeit sah – schon veräußerlicht waren an den Orten, wo sie gelebt hatte, nahm diese Persönlichkeit Kulte, Einrichtungen auf, die sich im Laufe der ersten Jahrhunderte der christlichen Entwickelung in verchristlichter Metamorphose eben auf das römische Christentum übertrugen.

Also merken Sie wohl auf, meine lieben Freunde, um was es sich da handelt. Es handelt sich darum, daß in dieser Region nach dem Tode bei dieser Individualität ein Verständnis für das Äußerliche der Kulte und für das Äußerliche der Kircheneinrichtungen vorbereitet wurde, die ehedem heidnische waren, die aber wieder erstanden innerhalb der ersten christlichen Jahrhunderte und zum ausgesprochen römischen Kultus übergingen mit all den Auffassungen des kirchlichen Wesens, das mit dem römischen Kultus zusammenhing.

Sehen Sie, das bewirkte eine ganz besondere Geisteskonfiguration bei der betreffenden Persönlichkeit. Nun sehen wir wiederum in diesem Verlauf, den da der Mensch durchmacht zwischen dem Tod und einer neuen Geburt, diese Individualität ganz besonders das Karma ausarbeiten in der Merkur-Region, so daß sie nicht im innerlichen Sinne, aber im Sinne der Begabung mit äußerer Intelligenz, große Überschau bekommt über Verhältnisse.

Und wenn wir dann diese Individualität weiter verfolgen, treffen wir sie auf der Erde wiederum als jenen Kardinal, der die Regierung Ludwigs XIV. besorgte, während Ludwig XIV. selber noch ein Kind war: als *Kardinal Mazarin.* Und wenn wir nun den Kardinal Mazarin studieren in alle dem, was er Glänzend-Splendides, Großes hat, und in alle dem, was er an äußerlicher Auffassung des Christentums hat, das ihm sogleich eingeht – auch in dem, wie er sich gewohnheitsmäßig einlebt in die Art jener Frau, welche die Vormundschaft über Ludwig XIV. führt –, da sehen wir: Er nimmt all dasjenige vom Christentum auf, was christliche Einrichtungen sind, christlicher Kultus, christlicher Prunk: er nimmt das alles auf, indem es sich ihm umgibt mit dem Glanze des vorderasiatisch-orientalischen Wesens. Und er regiert Europa im Grunde genommen so wie jemand, der vorderasiatisches Wesen stark aufgenommen hat in einer viel früheren Inkarnation.

Aber dieser Kardinal Mazarin hatte schon Gelegenheit, nun ein wenig stark berührt zu werden von den Verhältnissen. Sie müssen nur das Zeitalter in Betracht ziehen: das Auslaufen des Dreißigjährigen Krieges, all die Dinge, die sich abspielten als von Ludwig XIV. ausgehend.

Kardinal Mazarin war mit einer großen Überschau begabt, ein großer Staatsmann, aber auch wiederum wie im Taumel, betäubt eigentlich von den eigenen Taten; so daß diese Taten, man möchte sagen, wie grandiose Geschicklichkeiten abliefen, aber nicht wie etwas, was aus dem tiefen Herzen kommt.

Dies Leben wird ganz merkwürdig, indem es nun wiederum durch die Zeit hindurchgeht zwischen Tod und neuer Geburt. Da kann man geradezu sehen, wie beim weiteren Passieren der Merkur-

Region, man möchte sagen, alles das, was diese Persönlichkeit getan hat, sich wie in einen Nebel auflöst. Es bleibt alles, was diese Persönlichkeit aufgenommen hat an Ideen über das Christentum, es bleibt alles, was diese Persönlichkeit durchgemacht hat an Skepsis gegenüber der Wissenschaft, und alles das bildet sich nun um in diesem Leben zwischen Tod und neuer Geburt: Die Wissenschaft liefert nicht die letzten Wahrheiten; ein intensiver Erkenntnissinn, der im Anfluge eigentlich schon da war beim vorigen Passieren des Merkur, der vergeht wiederum, und es bildet sich in diesem Leben karmisch eine eigentümliche Mentalität aus; eine Mentalität, welche eindringliche Anschauungen, die diese Individualität durchgemacht hat, mit großer Zähigkeit festhält, die aber wenig Begriffe entwickeln kann für das nächste Leben, um sie zu beherrschen. Man hat das Gefühl, indem sie da durchgeht durch das Leben zwischen dem Tod und einer neuen Geburt: Was soll denn diese Individualität eigentlich in der neuen Inkarnation, die sie nun anstreben will? Mit was ist sie denn nun eigentlich richtig verbunden? Man hat das Gefühl: Die kann mehr oder weniger intensiv verbunden werden mit allem möglichen und mit nichts. Alle Antezedenzien sind dazu da. Die Intensität, mit der – nach vorangegangener Skepsis – auf all den Wegen, auf denen man zum Kardinal wird, das Christentum mit allen einzelnen Äußerlichkeiten durchlebt wird, das sitzt tief in der Persönlichkeit: Diese Persönlichkeit muß kenntnisreich werden, doch mit leichtgeschürzten Begriffen auftreten können. Aber außerdem: Wie ausgelöscht ist, ich möchte sagen, die europäische Landkarte, die sie einmal beherrscht hat. Man weiß nicht: Wie soll sie wieder zu der sich finden? Was wird sie anfangen mit dieser europäischen Landkarte? – Sie wird ganz gewiß nichts damit anzufangen wissen.

Ja, meine lieben Freunde, man muß diese Dinge beim Durchgehen des Lebens zwischen Tod und neuer Geburt durchmachen, damit man sich nur ja nicht irrt, damit nun wirklich ein exaktes Wissen herauskommt. Diese Persönlichkeit wird wiedergeboren als eine solche, die wirklich in ihrem physischen Leben, als die Michael-Zeit heranrückt und da ist, ein merkwürdiges Doppelgesicht zeigt.

Eine Persönlichkeit, die nicht recht Staatsmann sein kann, nicht ganz Staatsmann sein kann, nicht ganz Kleriker sein kann, die aber intensiv in beides hereingezogen wird: Das ist *Hertling,* der noch in seinem hohen Alter deutscher Reichskanzler geworden ist und die Reste seines Mazarintums in dieser Weise dann in karmischer Folge zu verwerten hatte; der all die Eigentümlichkeiten, mit denen er an das Christentum herangekommen ist, in seinem christlichen Professorentum zur Darstellung bringt.

Es ist ein Beispiel, an dem Sie sehen können, wie eigentümlich die Menschen der Gegenwart in der Vergangenheit zu ihren gegenwärtigen Individualitäten gekommen sind. Derjenige, der nicht forscht, sondern sich etwas ausdenkt, würde natürlich auf ganz etwas anderes kommen. Aber erst dann versteht man das Karma, wenn man eben anknüpfen kann an diese extremsten Zusammenhänge, die in der sinnlichen Welt sich fast als paradox ausnehmen, die aber in der geistigen Welt da sind. So wie eben da ist, was ich öfter auch schon hier erwähnt habe, die Tatsache: daß der die Kirche so wütend bekämpfende *Ernst Haeckel* der wiederverkörperte Mönch Hildebrand war, der als *Gregor* der große Papst war in der vorigen Inkarnation.

Da sehen wir, wie gleichgültig der äußere Inhalt des Glaubens oder der Anschauung eines Menschen im Erdenleben ist; denn das sind seine Gedanken. Aber studieren Sie einmal Haeckel, und studieren Sie namentlich im Zusammenhange mit dem, was er als Abt Hildebrand war, den Gregor – ich glaube, er ist auch unter diesen Bildern von Chartres –, dann werden Sie sehen, daß in der Tat da dynamisch ein Fortwirken vorhanden ist.

Ich habe dieses Beispiel angeführt, damit Sie sehen, wie prominente Persönlichkeiten der Gegenwart die Vergangenheit in diese Gegenwart hereintragen. Ich möchte nun ein anderes Beispiel wählen, das Ihnen allen sehr, sehr wert sein kann, bei dem ich fast zurückschaudere, es irgendwie leicht zu sagen, das aber gerade so ungeheuer tief hineinführt in das ganze geistige Gefüge der Gegenwart, daß ich nicht umhin kann, gerade dieses Beispiel zu wählen.

Wenn Sie sich nachher das Gesicht des Mönchs Hildebrand anschauen, der Papst Gregor VII. wurde, den Sie ja aus der Geschichte kennen, Sie werden sehen, wie die Seelenkonfiguration des Haeckel gerade in diesem Antlitz des Hildebrand, des späteren Gregor, in einer wunderbaren Weise enthalten ist.

Aber ich möchte eben eine andere Persönlichkeit erwähnen, eine Persönlichkeit – wie gesagt, ich schrecke fast zurück, sie zu erwähnen, aber sie ist ungeheuer charakteristisch für dasjenige, was aus der Vergangenheit in die Gegenwart herübergetragen wird, und wie es herübergetragen wird. Ich habe ja öfter hingewiesen, und es wird Ihnen auch aus der äußeren Geschichte bekannt sein, daß im vierten Jahrhundert jenes Konzil stattgefunden hat, das Konzil von Nicäa, in dem für Westeuropa die Entscheidung getroffen worden ist zwischen Arianismus und Athanasianismus, wo der Arianismus verurteilt worden ist.

Es war ein Konzil, auf dem alle hohe Gelehrsamkeit, die in den ersten christlichen Jahrhunderten bei den maßgebenden Persönlichkeiten vorhanden war, zutage trat, wo wirklich mit tiefgehenden Ideen gestritten worden ist, wo eigentlich die menschliche Seele noch eine ganz andere Verfassung hatte, wo die menschliche Seele es als selbstverständlich nahm, in einer geistigen Welt unmittelbar drinnen zu leben und wo schon gestritten werden konnte mit Gehalt darüber, ob Christus, der Sohn, gleicher Wesenheit ist mit dem Vater oder nur ähnlicher Wesenheit ist mit dem Vater, welch letzteres der Arianismus behauptete. Wir wollen uns heute nicht einlassen auf die dogmatische Verschiedenheit der beiden, aber wir wollen im Auge behalten, daß es sich da um ungeheuer scharfsinnige Auseinandersetzungen, um großartige scharfsinnige Auseinandersetzungen handelte, die aber mit dem Intellektualismus der damaligen Zeit ausgefochten wurden.

Wenn wir heute scharfsinnig sind, sind wir es halt als Menschen. Heute sind ja fast alle Menschen scharfsinnig. Ich habe das schon öfter gesagt: Die Menschen sind furchtbar gescheit, das heißt, sie können halt denken, nicht wahr? Das ist nicht viel, aber die Menschen können es heute. Ich kann auch sehr dumm sein und denken können; aber die Menschen können eben heute denken. Dazumal aber war es nicht so, daß die Menschen denken konnten, sondern sie empfanden die Gedanken als Inspiration. Wer also scharfsinnig war, empfand sich als gottbegnadet, und es war das Denken eine Art Hellsehen. Das war es durchaus noch im vierten nachchristlichen Jahrhundert. Und diejenigen, die einem Denker zuhörten, empfanden auch noch etwas über die Evolution seines Denkens. Nun war gerade auf diesem Konzil eine Persönlichkeit anwesend, die mit teilnahm an jenen Diskussionen, die aber über den Ausgang des Konzils im höchsten Grade verstimmt war, die vorzugsweise damals bemüht war, für beide Teile die Argumente aufzubringen. Diese Persönlichkeit brachte sowohl für den Arianismus wie für den Athanasianismus die bedeutsamsten Gründe auf, und wäre es nach dieser Persönlichkeit gegangen, so wäre ganz zweifellos etwas ganz anderes herausgekommen. Es wäre nicht eine Art fauler Kompromiß zwischen Arianismus und Athanasianismus herausgekommen, sondern etwas wie eine Synthese herausgekommen, eine solche Synthese, die wahrscheinlich etwas sehr Großes – man soll nicht Geschichte konstruieren, aber man kann zur Erläuterung dieses sagen –, die wahrscheinlich etwas sehr Großes gewesen wäre, die dahin geführt hätte, das menschliche innere Göttliche viel intimer mit dem Göttlichen des Universums zusammenzuknüpfen. Denn so wie der Athanasianismus die Sache dann ausgestaltet hat, wurde eigentlich die menschliche Seele so recht getrennt von dem göttlichen Ursprung, und es wurde sogar als ketzerisch angesehen, wenn man von dem Gott im Innern des Menschen sprach.

Hätte der Arianismus allein gesiegt, so hätte man natürlich viel von dem Gott im Innern des Menschen gesprochen, aber man würde niemals das mit der nötigen inneren Ehrfurcht und namentlich nicht mit der nötigen inneren Würde getan haben. Der Arianismus allein hätte eben den Menschen auf jeder Stufe als eine Verkörperung des in ihm seienden Gottes angesehen. Das ist aber jedes Tier auch, das ist die ganze Welt, das ist jeder Stein, das ist jede Pflanze. Einen Wert hat diese Ansicht nur, wenn sie zu gleicher

Zeit den Antrieb in sich enthält, daß man immer höher und höher in der Entwickelung steige, um den Gott erst zu finden. Die Behauptung, man habe ein Göttliches in sich auf irgendeiner Stufe des Lebens, hat nur dann einen Sinn, wenn man dieses Göttliche in einem fortwährenden Aufstreben «zu sich selbst», bei dem es noch nicht ist, auffaßt. Aber eine Synthese der beiden Anschauungen wäre ganz zweifellos zustande gekommen, wenn diese Persönlichkeit, die ich meine, dazumal auf dem Konzil irgendeinen maßgeblichen Einfluß hätte gewinnen können.

Diese Persönlichkeit ging tief unbefriedigt in eine Art ägyptischer Einsiedelei, lebte in einer außerordentlich asketischen Weise, gründlich bekannt – damals im vierten Jahrhundert – mit alledem, was eigentlich die wirklichen, spirituellen Substanzen des Christentums dazumal waren; vielleicht einer der bestunterrichteten Christen, die es dazumal gab, aber nicht ein Kämpfer.

Schon die Art und Weise, wie der Betreffende auf dem Konzil aufgetreten ist, war die eines allseitig abwägenden, ruhigen, aber außerordentlich begeisterten, nur nicht für die Einzelheiten und Einseitigkeiten begeisterten Menschen; eines Menschen, der – ich kann nicht sagen, angeekelt war, das würde nicht der richtige Ausdruck sein –, aber der außerordentlich bitter berührt war davon, daß er mit gar nichts durchgedrungen war, weil er so ganz überzeugt war davon, daß dem Christentum nur Heil erwachsen könne, wenn seine Anschauung durchdringen würde.

Und so zog er sich denn in eine Art Einsiedelei zurück, wurde für den Rest seines Lebens ein Eremit, der aber eine ganz besondere Laufbahn verfolgte aus dem inneren Drang seiner Seele heraus, der gerade dieser Laufbahn, den Ursprung der Denk-Inspiration zu erforschen, sich widmete. Das mystische Vertiefen dieser Persönlichkeit ging dahin, dahinterzukommen, von woher das Denken seine Inspiration bekommt. Wie in eine einzige, große Sehnsucht ging das: den Ursprung des Denkens in der geistigen Welt zu finden. Und ganz erfüllt wurde diese Persönlichkeit zuletzt mit dieser Sehnsucht. Sie starb auch mit dieser Sehnsucht, ohne daß sie während dieses damaligen Erdenlebens dadurch einen konkreten

Abschluß gefunden hätte, daß Antwort dagewesen wäre. Die war nicht da. Dazumal war schon die Zeit doch ungünstig.

Und so machte diese Persönlichkeit im Durchgange durch den Tod etwas Eigentümliches durch. Jahrzehnte nach dem Tode konnte sie gerade zurückschauen auf das Erdenleben und immer dieses Erdenleben tingiert sehen mit demjenigen, wozu sie zuletzt gekommen war. Diese Persönlichkeit konnte in dem, was da unmittelbar in der rückwärtigen Betrachtung sich an den Tod anschloß, sehen, wie der Mensch denkt.

Nun war noch keine Erfüllung dieser Frage da. Das ist wichtig. Und ohne daß ein Gedanke da war als Antwort auf diese Frage, sah diese Persönlichkeit gerade nach dem Tode in einer wunderbar hellen, imaginativen Art in die Intelligenz des Weltalls hinein. Nicht die Gedanken des Weltalls sah sie – die hätte sie gesehen, wenn das, was sie ersehnt hatte, zum Abschluß gekommen wäre –, nicht die Gedanken des Weltalls ersah sie, wohl aber in Bildern das Denken des Weltalls.

Und so lebte sich durch zwischen dem Tod und einer neuen Geburt hier eine Individualität, die in einer Art von Gleichgewichtszustand war zwischen mystischer imaginativer Anschauung und scharfsinnigem Denken von früher, das aber im Fluß war, das noch nicht zum Abschluß gekommen war.

Zunächst siegte in dem, was sich da karmisch ausgestaltete, die mystische Anlage. Die betreffende Individualität wird im Mittelalter als eine Visionärin geboren, als eine Visionärin, die wunderbare Einblicke in die geistige Welt entwickelte. Die denkerische Anlage trat zunächst ganz zurück, das Anschauungsmäßige trat in den Vordergrund. Wunderbare Visionen mit gleichzeitigem mystischem Sich-Hingeben an den Christus, ungeheuer tiefes Durchdringen der Seele mit einem visionär anschaulichen Christentum, Visionen, in denen der Christus wie der Anführer erschien von milden, nicht streitbaren Scharen, von Scharen, die durch ihre Milde das Christentum verbreiten wollten, wie es in keinem Zeitalter noch in der Realität auf der Erde da war – aber das war in den Visionen dieser Nonne da: ein ganz intensives Christentum, das gar nicht hereinpaßte in dasjenige, was dann in der neueren Form als das Christentum sich entwickelte.

Zur Zeit ihres Lebens kam diese Nonne, diese Visionärin, diese Seherin, in keinen Konflikt mit dem positiven Christentum. Aber sie wuchs heraus aus dem positiven Christentum; sie wuchs hinein in ein zunächst ganz persönlich geartetes Christentum, in ein Christentum, das es eigentlich auf Erden späterhin gar nicht gab. So daß dieser Persönlichkeit, ich möchte sagen, vom Weltenall die Frage gestellt war, wie dieses Christentum in einer neuen Inkarnation in einem physischen Leibe zu verwirklichen ist.

Und gleichzeitig stellten sich jetzt, nachdem die betreffende Seherin, Visionärin, durch die Pforte des Todes schon längere Zeit gegangen war, wiederum die Nachklänge des alten Intellektualismus, des inspirierten Intellektualismus ein. Die Nachwirkungen der Visionen wurden «durchideeisiert», möchte ich sagen. Und auf der Suche nach einem Menschenleibe wurde diese Individualität die des Solowjow, *Wladimir Solowjow.*

Und lesen Sie die Schriften des Solowjow. Ich habe es ja hier schon öfter geschildert, welchen Eindruck sie auf einen heutigen Menschen machen, ich habe es auch ausgesprochen in der Einleitung zur Solowjow-Ausgabe. Versuchen Sie zu fühlen, was da alles zwischen den Zeilen steckt, steckt von einer Mystik, die uns oftmals sehr schwül erscheint, steckt von einem Christentum, das einen individuellen Ausdruck hat, das aber deutlich zeigt: Das mußte suchen nach einem so weichen Leib, nach einem nach allen Seiten biegsamen Leib, wie man ihn nur aus dem russischen Volk heraus haben kann.

Ich denke, man kann schon, wenn man diese Beispiele anschaut, meine lieben Freunde, die heilige Scheu vor den ja wirklich nur im Innersten keusch zu bewahrenden Wahrheiten des Karma behalten, denn wer Sinn für Betrachtung der geistigen Welt hat, bei dem wird dasjenige, was man oftmals will: daß die Wahrheit etwas Heiliges hat, etwas Verhülltes hat, wahrhaftig nicht in unwürdiger Weise enthüllt.

Der Anthroposophie hat man ja immer wieder und wiederum

vorgeworfen, namentlich von theologischer Seite aus vorgeworfen, sie ziehe den Schleier des Heiligen, Mysteriösen von den geheimnisvollen Wahrheiten hinweg, mache sie dadurch profan. Wenn man aber gerade in die tieferen, mehr esoterischen Glieder des anthroposophischen Anschauens hineingeht, dann wird man empfinden, daß wahrhaftig von einer solchen Profanierung nicht die Rede sein kann, sondern daß die Welt einen mit einer heiligeren Scheu erfüllt, wenn man die Menschenleben hintereinander schaut und die wunderbare Art des Hineinwirkens früherer Menschenleben in spätere Menschenleben. Man muß nur selbst nicht innerlich profaniert sein oder mit seinem Denken profanierend wirken, dann wird man nicht solche Einwände machen.

Man kann schon sagen: Wer Solowjows Schriften liest und im Hintergrunde die fromme Nonne sieht mit ihren wunderbaren Visionen, mit ihrer unendlichen Hingabe an die Wesenheit des Christus, wer diese Persönlichkeit herausschreiten sieht mit dem bittersten Gefühle aus dem Konzil, wo so Großes und Bedeutsames von ihr vorgebracht worden ist, wer sozusagen das Christentum zweimal – in seiner rationalistischen Gestalt, aber in der inspiriert rationalistischen Gestalt, und dann in seiner visionären Gestalt – in der Seele und in dem Herzen dieser Individualität entdeckt als den Hintergrund: für den wird wahrhaftig durch das Hinwegheben des Schleiers von dem Geheimnis nichts profaniert.

Ein deutscher Romantiker hat einmal den Mut gehabt, über den berühmten Isis-Spruch anders zu denken als alle anderen. Dieser berühmte Isis-Spruch heißt ja: Ich bin, was da war, was da ist, was da sein wird; meinen Schleier hat noch kein Sterblicher gelüftet. – Darauf hat dieser deutsche Romantiker geantwortet: Dann müssen wir eben Unsterbliche werden, um ihn zu lüften! – Die anderen haben den Spruch nur hingenommen.

Entdecken wir das wirkliche Unsterbliche in uns, das Geistig-Göttliche, dann dürfen wir an so manches Geheimnis herantreten, ohne es zu profanieren, an das wir mit einem geringeren Vertrauen zu der eigenen Göttlichkeit unserer Wesenheit eben nicht herantreten dürfen.

Das aber ist skizziert die Gesinnung, die sich immer mehr und mehr verbreiten sollte unter dem Einflusse solcher Betrachtungen, wie sie die vorige und diese waren, und die dann wirken sollten auf das Tun und Leben derjenigen, die in der Art, wie es geschildert worden ist, ihr Karma hinzutragen zur Anthroposophischen Gesellschaft.

NEUNTER VORTRAG

Dornach, 21. September 1924

Die Vorträge, die ich jetzt gehalten habe unter dem Eindrucke, daß von allen Seiten her so viele Freunde hier anwesend sind, sie haben im wesentlichen den Zweck verfolgt, eine Darstellung zu geben aus dem Karma heraus, die wenigstens in einigen Linien zum Verständnisse des gegenwärtigen Geisteslebens in spiritueller Beziehung führen soll. Und ich möchte dasjenige, was in einer gewissen Beziehung eine Art von Einheit bildet, dann am nächsten Dienstag noch in dem letzten dieser Vorträge abschließen.

Heute möchte ich an einem Beispiele zeigen, wie schwierig es eigentlich werden kann, dasjenige in die Gegenwart hereinzutragen, was wirklich für die Gegenwart geeignete Geisteswissenschaft ist. Nicht aus äußerlichen Verhältnissen möchte ich diese Frage heute beantworten, sondern an einem karmischen Beispiele. Das Beispiel wird ja zunächst eine Individualität geben, die nicht gerade typisch ist, sondern die schon eine besondere Individualität darstellt; aber es kann dadurch gezeigt werden, wie schwierig es ist, in ein gegenwärtiges Erdenleben hineinzutragen, was ja natürlich jeder Mensch aus früheren Erdenleben mitbringt, mitbringt so, daß er – vielleicht mit Ausnahme seiner allerletzten Inkarnation – dennoch in gewissen ursprünglichen Beziehungen zur geistigen Welt entweder noch wirklich oder wenigstens der Tradition nach gestanden hat. Es kann uns zeigen, wie es trotzdem schwierig ist, gerade in die gegenwärtige Leiblichkeit des Menschen, in die gegenwärtigen Erziehungs- und Zivilisationsverhältnisse etwas früheres Spirituelles, auf spirituelle Art Aufgenommenes hereinzutragen.

Und dazu möchte ich hier vor Ihnen eine Reihe aufeinanderfolgender Erdenleben einer Individualität entwickeln, die Ihnen gerade alle möglichen Hemmnisse zeigen sollen, die sich ergeben können gegen ein solches Hereintragen in die gegenwärtige Zeit, und die zeigen können, wie sich eigentlich diese Schwierigkeiten schon bei manchen in früheren Erdenleben vorbereitet haben.

Betrachten wir da zunächst, meine lieben Freunde, eine menschliche Individualität in ihrer Inkarnation im sechsten vorchristlichen Jahrhundert, eigentlich in jener Zeit und etwas darnach, in welcher die Abführung der Juden in die babylonische Gefangenschaft stattgefunden hat. Da stieß mir bei der Betrachtung dieser Zeit eine Individualität auf, eine *Fraueninkarnation* dazumal, die dem jüdischen Stamm angehörte, die aber bei jenem Abführen der Juden in die babylonische Gefangenschaft, das heißt eigentlich bevor die Juden in der babylonischen Gefangenschaft angekommen waren, entflohen ist und aufgenommen hat dann in Vorderasien in der folgenden Zeit – sie ist ziemlich alt geworden in jener Inkarnation – alle möglichen Lehren, die in Vorderasien dazumal aufzunehmen waren. Namentlich nahm sie dasjenige auf, was dazumal mit einer großen Intensität, mit starker Eindringlichkeit noch lebte in Vorderasien und was in der verschiedensten Weise jene Weltanschauung ausgestaltete, die man die Zarathustra-Weltanschauung nennen kann mit ihrem starken Dualismus, der ja auch geschildert ist in einem Kapitel meiner «Geheimwissenschaft»: jenem Dualismus, der auf der einen Seite Ahura Mazdao, den großen Lichtgeist, anerkannte, der seine Impulse in die Menschheitsentwickelung sendet, um Quell des Guten, des Großen, des Schönen zu sein, der seine dienenden Geister, die Amschaspands hat, die ihn umstellen, wie die Sonne umstellt wird in dem Scheine der Offenbarung des Himmelsantlitzes von den zwölf Zeichen des Tierkreises – da haben wir also die Lichtseite jenes im alten Persien urständenden Dualismus –, wir haben dann die ahrimanische Gegenmacht, die das Finstere, aber auch das Böse, das überall Hemmende, das überall Disharmonisch-Gestaltende in die Weltentwickelung der Menschheit hineinträgt.

Diese Lehre war verknüpft mit einer eindringlichen Erkenntnis der Konstellation der Sterne in dem Sinne, wie man in den alten Zeiten Astrosophie oder Astrologie hatte. Das alles konnte jene Individualität eben dazumal in ihrer Fraueninkarnation dadurch aufnehmen, daß sie eine Art Lehrer und Freund in einer männlichen Persönlichkeit hatte, die in vieles dieser vorderasiatischen Lehren, namentlich auch in die chaldäische Sternkunde, eingeweiht war.

Und so haben wir zunächst einmal einen regen Gedankenaustausch zwischen diesen beiden Persönlichkeiten in der Zeit, nachdem die Juden in die babylonische Gefangenschaft abgeführt waren, und wir haben die merkwürdige Erscheinung, daß die weibliche Persönlichkeit durch die Gewalt der Eindrücke, die sie erhielt, durch all das, was sie in einer außerordentlich empfänglichen, interessierten Weise aufnahm, innerlich schauend wurde und in Visionen, die durchaus die kosmische Ordnung wiedergaben, die Welt überblicken konnte.

Wir haben es da wirklich mit einer merkwürdigen Individualität zu tun, in der sozusagen alles das auflebt, was besprochen, was durchgenommen worden ist gemeinsam mit diesem befreundeten Halb-Initiaten Vorderasiens. Und es bemächtigte sich jener weiblichen Persönlichkeit eine Stimmung, von der man sagen kann: Ach, was waren schließlich all die Ideen, die ich aufgenommen habe während des Lernens, gegen das mächtige Tableau der Imaginationen, die jetzt vor meiner Seele stehen! Wie ist doch die Welt innerlich reich und gewaltig! – Das merkte diese Persönlichkeit an den visionären Imaginationen.

Und gerade diese Stimmung, die erzeugte nun eine gewisse Verstimmung zwischen den beiden Persönlichkeiten. Die männliche Persönlichkeit gab mehr auf das gedankliche Verfolgen der Weltanschauung, die weibliche Persönlichkeit ging immer mehr und mehr ins Bildhafte über. Und man kann sagen, daß beide Persönlichkeiten fast gleichzeitig durch die Pforte des Todes gingen, aber mit einer gewissen Verstimmung gegeneinander.

Nun war ja das Ergebnis dieser Erdenleben in einer eigentümlichen Weise, ich möchte sagen, zusammenverschmolzen, so daß ungeheuer Intensives von den beiden Individualitäten nach dem Tode erlebt wurde im rückschauenden, rückwärtsgehenden Leben und auch bei der Ausarbeitung des Karma zwischen dem Tode und einer neuen Geburt. Ein intensives Gemeinsamkeitsleben war das

Ergebnis dieses sonderbaren Erdenzusammenseins. Wir finden insbesondere bei der weiblichen Persönlichkeit nach dem Tode die Stimmung, die zuletzt von der Präponderanz der visionären Imaginationen da war, nicht mehr in so starker Weise vorhanden. Wir finden vielmehr bei dieser weiblichen Persönlichkeit dann nach dem Tode für das nächste Erdenleben eine Art Sehnsucht aufsprießen, nun in diesem nächsten Erdenleben die Dinge in gedanklicher Form zu begreifen, während sie ja in diesem Erdenleben, das ich beschrieben habe, die Dinge mehr in sprachlicher Form begriffen hatte, so daß sie dann eigentlich aus dem sprachlichen Erleben in das visionäre Imaginieren hinübergegangen waren.

Nun wurden die beiden Persönlichkeiten, da sie so stark karmisch zusammenhingen, beide wiedergeboren in den ersten christlichen Jahrhunderten, wo sich die geistige Substanz des Christentums einbildete in ein gewisses wissenschaftliches Arbeiten. Und ich habe ja früher einmal hier erwähnt, wie gerade viele derjenigen Seelen, die dann in ehrlicher Weise zur Anthroposophie gekommen sind, in diesen ersten christlichen Jahrhunderten das Christentum miterlebt haben, aber in einer viel lebendigeren Form miterlebt haben, als es sich später gestaltet hat. Und so sehen wir denn jetzt eine sehr merkwürdige Erscheinung.

Wir sehen einen Mann auftreten, der jetzt in bezug auf das Karma nichts zu tun hat mit den beiden Persönlichkeiten, von denen ich spreche, mit ihren Individualitäten, aber der jetzt zeitgeschichtlich mit ihnen zu tun hat: Wir sehen eine maßgebende, eine tonangebende Persönlichkeit in *Martianus Capella* auftreten.

Das ist diejenige Persönlichkeit, die zuerst das maßgebende, grundlegende Buch schreibt über die sieben Freien Künste, die ja dann bei allem Unterrichten und Lehren durch das ganze Mittelalter hindurch eine große Rolle spielten: Grammatik, Rhetorik, Dialektik, Arithmetik, Geometrie, Astronomie und Musik; die sieben Freien Künste, die dann zusammen in ihrem Wirken eben dasjenige gaben, was man dazumal Natur- und Welterkenntnis nannte.

Das Buch von Martianus Capella erscheint zunächst etwas trocken, nüchtern. Allein, meine lieben Freunde, man muß wissen, daß solche Bücher namentlich in diesen ersten Zeiten des Mittelalters dennoch aus spirituellen Untergründen hervorgegangen sind; geradeso wie auch noch die späteren Darstellungen, die aus der Schule von Chartres hervorgegangen sind, einen ähnlich nüchternen, katalogisierenden Charakter haben. Und so muß man auch das, was in trockener, nüchterner Darstellungsweise bei Martianus Capella sich findet über die sieben Freien Künste und die hinter ihnen wirkende Natur, als den Ausfluß gewisser instinktiver, höherer Anschauungen betrachten können. Denn dasjenige, was die sieben Freien Künste waren, das wurde in der Tat als Wesenhaftes vorgestellt, wie die Natur selber – das habe ich ja schon dargestellt in diesen Vorträgen – als Wesenhaftes dargestellt wurde. Und wenn auch solche Persönlichkeiten wie Martianus Capella und andere, die diese Dinge aufzeichneten, trocken sind, so waren sie doch durchaus kundig des Umstandes, daß das alles angeschaut werden kann, daß Dialektik, Rhetorik Lebewesen sind, Inspiratoren des menschlichen Könnens und des menschlichen geistigen Wirkens. Und daß die Göttin Natura ganz ähnlich vorgestellt wurde wie die alte Proserpina, das habe ich ja hier schon ausgeführt.

In dieser Strömung, in dem, was der Menschheit wird oder damals wurde unter dem Einflusse dessen, was in den sieben Freien Künsten und in der über ihnen waltenden Naturanschauung lag, in dieser ganzen Strömung stand nun drinnen wiederverkörpert die weibliche Persönlichkeit, von der ich gesprochen habe, aber jetzt in *männlicher Inkarnation;* so in männlicher Inkarnation, daß sie vom Anfange an im männlichen Leibe, im männlichen Verstande die Anlage dazu trug, nicht gerade in Gedanken die Dinge auszubilden, die ihre Erkenntnisse sein sollten, sondern sie auszubilden eben in visionären Anschauungen.

Man kann sagen: Vielleicht bei wenigen Persönlichkeiten der damaligen Zeit – im Beginne des sechsten nachchristlichen Jahrhunderts, Ende des fünften nachchristlichen Jahrhunderts –, bei wenigen solchen Persönlichkeiten, die man als die Schüler des Martianus Capella bezeichnen kann, lebte in einer ganz anschaulich lebendigen Weise dasjenige, was dazumal geistiger Inhalt war.

Die Persönlichkeit, die jetzt in ihrer männlichen Inkarnation war, konnte gerade sprechen von ihrem Umgang mit den inspirierenden Mächten, Dialektik, Rhetorik und so weiter, sie war ganz erfüllt von der Anschauung geistigen Wirkens.

Und wiederum traf sie zusammen mit der anderen Persönlichkeit, die der männliche Geist in der vorigen Inkarnation war, die jetzt eine weibliche Individualität war. Und mit einer großen Intelligenz war diese weibliche Persönlichkeit in jener Inkarnation begabt. Und es entstand wiederum – man kann sich ja denken, wie das karmisch bedingt war, wir sehen da das Karma wirken –, es entstand wiederum ein intensiver geistiger – man kann nicht sagen Ideenaustausch, sondern Anschauungsaustausch, ein ganz lebendiges, geistiges, intensives Zusammenarbeiten.

Aber etwas Merkwürdiges bildete sich bei derjenigen Persönlichkeit heraus, die in den vorchristlichen Jahrhunderten Frau, in dieser Zeit nun Mann war. Es bildete sich dies Merkwürdige heraus, daß, weil ja die Anschauungen so lebhaft waren, bei dieser Persönlichkeit ein starkes Wissen davon auftrat, wie mit der weiblichen Natur überhaupt zusammenhängt das visionäre Leben, das gerade diese Persönlichkeit hatte. Nicht daß man sage, das visionäre Leben hängt im allgemeinen mit der weiblichen Persönlichkeit zusammen; es war eben jetzt herübergekommen aus der früheren weiblichen Inkarnation der ganze Grundcharakter des visionären Lebens. Und dadurch gingen dieser Persönlichkeit unzählige Geheimnisse auf, die sich auf die Wechselwirkung von Erde und Mond beziehen, unzählige Geheimnisse zum Beispiel, die sich auf das Fortpflanzungsleben beziehen. Gerade auf diesen Gebieten wurde jetzt diese nunmehr männliche Persönlichkeit außerordentlich bewandert.

Nun sehen wir, wie die beiden Persönlichkeiten wiederum durch die Pforte des Todes gehen, das Leben zwischen dem Tode und einer neuen Geburt durchmachen, wie sie zunächst im übersinnlichen Gebiete dem Hereinbrechen des Bewußtseins-Zeitalters entgegenleben, den Anbruch des Bewußtseins-Zeitalters noch in übersinnlichen Welten erleben. Dann wird diejenige Persönlichkeit, die ich zuerst als weibliche Inkarnation, dann als männliche Inkarnation schildern mußte, wiederum als eine *männliche Inkarnation* geboren. Sehr interessant ist, daß beide Persönlichkeiten zusammen wiedergeboren werden. Aber die andere Persönlichkeit, die in der früheren Inkarnation, also in der zweiten, Frau war, wird wiederum jetzt als Mann geboren, so daß beide jetzt gleichzeitig in männlichen Inkarnationen geboren werden. Die eine, die uns vorzugsweise interessieren soll, die in den alten Zeiten weibliche Persönlichkeit war, dann in den ersten christlichen Jahrhunderten männliche Persönlichkeit war, das erste Mal durchaus aus jüdischem Stamme war, das zweite Mal der physischen Abstammung nach außerordentlich gemischtes Blut in sich trug, diese Persönlichkeit wurde dann im sechzehnten Jahrhundert als der italienische Utopist *Thomas Campanella* geboren. Eine recht merkwürdige Persönlichkeit.

Schauen wir uns einmal, soweit es zum Verständnisse des Karma notwendig ist, das Leben des Thomas Campanella recht genau an. Er wird geboren mit einer außerordentlich starken Empfänglichkeit für seine christliche Erziehung, so daß er sich frühzeitig damit beschäftigt, die Summa des Thomas von Aquino zu studieren. Und aus den Stimmungen heraus, die er sich durch sein früheres visionäres Leben angeeignet hatte und die sich immer mehr da oder dort in die Gegenstimmungen verwandeln, die Dinge gedankenmäßig kennenzulernen, lebt er sich ein in das stark gedankliche Element, das in der Summa des Thomas von Aquino zu finden ist, studiert das eifrig und wird nun eben im sechzehnten Jahrhundert Dominikaner.

Fortwährend kommt herein in sein Denken, das er im strengsten Sinne in der Richtung halten will, in der eben das Denken in der Summa des Thomas von Aquino gehalten ist, eine gewisse Beunruhigung durch das spirituelle atavistisch-visionäre Leben, das früher in ihm vorhanden war.

Und so ist es merkwürdig, daß er, Campanella, geradezu Stütze und Anhaltspunkt sucht, um in dasjenige, was er einmal beherrscht hat als ein Visionär im Anschauen der Welt, inneren Zusammenhang zu bringen. Und während er einerseits Dominikaner mit vollem innerem Enthusiasmus wird, macht er gerade im Kloster von

Cosenza – und das ist das Merkwürdige – die Bekanntschaft eines sehr geachteten jüdischen *Kabbalisten* und verbindet nun das Studium jüdischer Kabbalistik mit dem, was als Nachwirkung seines alten visionären Lebens heraufkommt, und verbindet dies wiederum mit dem, was aus dem Thomismus innerhalb des Dominikanerordens geworden ist. Das alles lebt in ihm in einer, man könnte sagen, visionären Sehnsucht, es lebt sich zusammen in eine visionäre Sehnsucht. Er möchte etwas tun, was dieses ganze lichte innere Geistesleben äußerlich zum Vorscheine bringen könnte. Denn fortwährend ist es in seiner Seele so – das wird man aus den Biographien nicht finden, das stellt sich aber der geistigen Anschauung dar –, daß etwas in ihm sagt: Ja, da ist doch Geist hinter allen Dingen; da muß doch auch im Menschenleben der Geist drinnen sein, der im Weltenall ist!

Das alles wirkt auch auf die Emotionssphäre ein. Er lebt in Unteritalien. Unteritalien ist geknechtet von den Spaniern. Er nimmt teil an einer Verschwörung zur Befreiung Unteritaliens, schmachtet dann vom Jahre 1599 bis zum Jahre 1626 im Kerker, weil er ob dieser Teilnahme an der Verschwörung gefangengenommen wird von den Spaniern, bringt also ein Leben zu, abgeschlossen von der Welt, ein Leben, das eigentlich auslöscht für siebenundzwanzig Jahre sein Erdendasein.

Nun stellen wir diese zwei Tatsachen zusammen: Thomas Campanella ist, als er eingekerkert wird, im Beginne der Dreißigerjahre, ganz im Anfange der Dreißigerjahre. Er verbringt die folgende Zeit im Kerker. Das ist das eine.

Aber was ist er überhaupt für ein Geist? Was ist er für eine Persönlichkeit? Er stellt auf die Idee des Sonnenstaates. Von früheren Inkarnationen scheint alles Astrologische, alles Anschauen der geistigen Welt in die Seele dieses Thomas Campanella hinein. Er denkt aus und beschreibt in seinem Werke über den Sonnenstaat eine soziale Utopie, in der er glaubt, daß durch eine vernünftige soziale Gestaltung, Konfiguration, alle Menschen glücklich werden können. Das, was er da als die Sonnenstadt, als den Sonnenstaat beschreibt, das hat in gewisser Beziehung eine klösterliche Strenge;

es ist etwas von dem darinnen, was er aus dem Dominikanerorden aufgenommen hat. Es ist in der Art und Weise, wie er sich das Staatliche gestaltet denkt, etwas klösterlich Strenges darinnen, und anderseits kommt von der früheren Geistigkeit ungeheuer viel durch. An der Spitze dieses Staates, der der Idealstaat sein soll, soll ein oberster Lenker stehen, der eine Art Ober-Metaphysikus ist und so weiter, der vom Geiste aus die Richtlinien für die Konfiguration, für die Verwaltung des Staates finden soll. Ihm stehen andere Beamte zur Seite, wie zum Beispiel der höchste Minister, welche ausführen sollten, bis ins einzelnste hinein, all die Regeln, wie man sie eben in dieser Zeit noch innehatte, wenn sie durch das Karma aus früheren Erdenschauungen als Reminiszenzen aus der Seele aufstiegen. Das alles stieg bei ihm herauf. Und so wollte er nach astrologischen Grundsätzen diesen Sonnenstaat verwaltet wissen. Die Konstellationen der Sterne sollten sorgfältig beobachtet werden. Die Ehen sollten nach diesen Konstellationen geschlossen werden; die Konzeptionen sollten so stattfinden, daß die Geburten auf bestimmte Konstellationen fielen, die ausgerechnet wurden, so daß nach den Konstellationen am Himmel sozusagen das Menschengeschlecht auf Erden geboren werden sollte mit seinem Schicksal. Gewiß, der Mensch des neunzehnten und zwanzigsten Jahrhunderts, der Neurologe oder Psychiater des neunzehnten oder zwanzigsten Jahrhunderts würde, wenn er an ein solches Werk käme, sagen, es sollte in die Bibliothek der Irrenhäuser eingereiht werden. Wir werden gleich nachher sehen, daß der Psychiater des zwanzigsten Jahrhunderts sogar ein ähnliches Urteil gefällt hat in einer bestimmten Richtung.

Aber stellen Sie sich diese zwei Dinge vor: Da ist eine Persönlichkeit, die diese Antezedenzien hat, diese Lebensvorbedingungen durch frühere Erdenleben, wie ich sie Ihnen beschrieben habe. Da ist jemand, der sozusagen aus der Kraft der Sonne und der Sterne herunter die Richtlinien für Staatsverwaltung auf der Erde finden will, ein Mensch, der Sonne in das Erdenleben hineinbringen will und der mehr als zwanzig Jahre in der Finsternis des Kerkers schmachtet und nur durch enge Luken hinausblicken kann in den natürlichen Sonnenschein; in dessen Seele in qualvollen Gefühlen und Empfindungen sich alles mögliche auslebte, was früher, in früheren Erdenleben in diese Seele eingezogen ist. – Dann wird Thomas Campanella durch den Papst Urban befreit aus dem Kerker, geht nach Paris, findet dort die Gunst Richelieus, bekommt eine Pension und lebt seine letzte Erdenzeit in Paris.

Das ist das Eigentümliche: Jener jüdische *Rabbiner,* mit dem er in Cosenza Bekanntschaft gemacht hat und durch den er auf kabbalistische Weise sein Denken koloriert bekommen hat, so daß viel mehr, als sonst hätte in ihm leben können, in ihm gelebt hat, jener jüdische Kabbalist ist der wiedergeborene Mann von der ersten Inkarnation, die Frau von der zweiten Inkarnation, die ich beschrieben habe.

So sehen wir ein Zusammenwirken, und als beide wiederum durch die Pforte des Todes gegangen sind – Thomas Campanella und sein Freund, der jüdische Rabbiner –, da sehen wir, daß sich in der Individualität, die zuletzt Thomas Campanella war, eine merkwürdige Opposition ausbildet gegen dasjenige, was er in früheren Erdenleben aufgenommen hat. Und er empfindet jetzt so, daß er sich sagt: Was hätte aus alledem werden können, wenn ich die Jahre nicht im Kerker in Finsternis geschmachtet hätte, wo ich nur durch Luken in das natürliche Sonnenlicht hinausgesehen habe! – Er kommt aber allmählich hinein in eine Art Ablehnung, Antipathie gegen das, was er früher, in vorchristlichen Zeiten, in den ersten Jahrhunderten als Geistesanschauung gehabt hat. Und so sehen wir hier das Merkwürdige vorliegen, daß, während das Zeitalter der Bewußtseinsseele heranrückt, im Übersinnlichen eine Individualität sich weiter entwickelt, die eigentlich feindlich wird demjenigen, was frühere Spiritualität war.

Sehen Sie, meine lieben Freunde, so ist es eigentlich vielen Seelen gegangen. Sie wurden schon vor ihrem Erdenleben, indem sie das übersinnliche Leben im Zeitalter der Bewußtseinsseele lebten, feindlich dem früheren spirituellen Erleben, weil es wirklich schwierig ist, in einen gegenwärtigen Erdenkörper dasjenige hineinzutragen, was früher spirituell erlebt worden ist. Der gegenwärtige Erdenkörper und die gegenwärtige Erdenerziehung leiten den Menschen nun einmal zum Rationalismus und zur Intellektualität hin.

Und nun sah diese Individualität, die in der letzten Inkarnation Thomas Campanella gewesen ist, in jenem Leben, das da folgte auf das Campanella-Leben, die einzige Möglichkeit, einen Ausgleich zu schaffen in einem verhältnismäßig verfrühten neuen Erdenleben. Aber das ergab sich nicht so leicht aus den Bedingungen, die da waren. Denn auf der einen Seite wuchs diese Persönlichkeit im Übersinnlichen noch außerordentlich stark in das Bewußtseinselement der ersten Bewußtseinsseelenzeit, in Rationalismus und Intellektualismus hinein. Und gerade beim rückwärtigen Durchleben der Gefangenenzeit drängte sich immer wieder das frühere Visionäre, die spirituelle Anschauung durch.

Sie hatte sozusagen auf die Seele geladen alles Hinneigen zur intelligenten Gescheitheit, diese Individualität, die ablehnte das Frühere und bei der sich merkwürdigerweise allmählich diese Abneigung gegen das Frühere in einer ganz persönlichen Weise formte, in einer ganz individuellen Weise. Es entwickelte sich eine Antipathie gegen jene vorchristliche Frauen-Inkarnation und damit eine Abneigung gegen die Frauen selber. Hier wirkte die Abneigung gegen die Frauen nämlich ins Persönlich-Individuelle hinein. Und wie es im Karma eben vor sich geht, statt daß etwas Theoretisches da ist, wird es persönliche Angelegenheit, persönliches Temperament, persönliche Sympathie oder Antipathie – hier Antipathie.

Nun bildete sich für diese Persönlichkeit die Möglichkeit heraus, noch einmal in freiem Umgange mit der Welt das Erdenleben zu leben, das sie in der letzten Verkörperung im Campanella-Leben, in der Gefangenschaft verlebt hatte.

Also bitte, fassen Sie das richtig auf. Jetzt kam die andere Persönlichkeit nicht mit, denn für die lag diese Veranlassung nicht vor. Jetzt kam also diese Individualität, die durch drei Erdenleben gegangen war, in der die andere Persönlichkeit ihr immer etwas war, was das Leben mit stützte und führte, in die Möglichkeit, dasjenige in einem Erdenleben zu durchleben, was sie im Campanella-

Leben durch die siebenundzwanzigjährige Gefangenschaft versäumt hatte. Das, was sie in der Finsternis der Gefangenschaft versäumt hatte, das ergab sich als Möglichkeit, in einem neuen Erdenleben durchlebt zu werden.

Was war die Folge, nachdem das andere alles vorangegangen war, meine lieben Freunde, was war die Folge? Nun denken Sie sich: Als Campanella etwa dreißig Jahre alt war, kam diese Gefangenschaft über ihn. Stellen Sie sich den Reifezustand eines Menschen vor im Renaissance-Zeitalter in den Dreißigerjahren seines Lebens. Stellen Sie sich vor: Das wirkt jetzt, was dort versäumt worden ist, wo aber das andere alles, Spirituelles und Rationalistisches, hineinscheint, hineinstrahlt von außen. Überall sonst rings herum ist Licht, und nur diese Jahre der Gefangenschaft sind Finsternis. Da strahlt alles hinein, alles strahlt durcheinander. Durcheinander strahlt Hellsichtigkeit, Frauenhaß, entsprungen aus dem, was ich Ihnen geschildert habe, aber auch sehr starke Gescheitheit. Das alles spielt ineinander, spielt so ineinander, wie es als Ergebnis der Reifeentwickelung der Dreißigerjahre eines Renaissance-Menschen auftreten kann.

Das wird im zweitletzten Jahrzehnt des neunzehnten Jahrhunderts, gegen das zweitletzte Jahrzehnt, wiedergeboren. In den kindlichen Körper wird dasjenige hineingeboren, was eigentlich für eine spätere Lebensepoche bestimmt ist. Jetzt wird er wieder in einer männlichen Inkarnation geboren. Es ist ja nur die Wiederholung der Gefangenschaftszeit: so spricht das Karma in diesem Falle. Kein Wunder, daß der Junge außerordentlich frühreif wiedergeboren wird. Selbstverständlich sind es ja nur die kindlichen Wachstumskräfte, aber mit dem, was da versäumt worden ist in der Gefangenschaft, mit der Reife der Dreißigerjahre: frühreif! So spielt das Karma.

Eine merkwürdige Neigung stellt sich heraus in diesem – Lebensnachholen, möchte ich sagen. Es dämmern wieder die alten Anschauungen des Astrologischen herauf, die alten Anschauungen des Spirituellen in der ganzen Natur, die ja so großartig waren bei dieser Individualität in den ersten christlichen Jahrhunderten. Es kommt allerdings in einer kindlichen Weise herauf, aber es lebt so stark in ihm, daß er geradezu eine Antipathie hat gegen die mathematisch gestaltete Naturwissenschaft. Und als er dann in den neunziger Jahren das Gymnasium bezieht, lernt er glänzend das Sprachliche, alles das, was nicht Naturwissenschaft, nicht Mathematik ist. Aber das Kuriose für denjenigen, der karmische Zusammenhänge zu beurteilen vermag, ich möchte sagen das wirklich Beglückend-Bestürzende in der Anschauung, das ist, daß er im Handumdrehen außer den neueren Sprachen, Französisch und Italienisch, Spanisch schnell lernt, um in seine Mentalität – wenn ich den Ausdruck gebrauchen darf – das hineinzubringen, was ihn früher empört hat gegen die spanische Herrschaft, um das wieder aufzufrischen.

Sehen Sie da, wie Karma wirkt, wie es hereinwirkt in diese Individualität! Es fällt ja auf, daß dieser Knabe außerhalb der Schule, nur weil zufällig der Vater eine Vorliebe dafür hat – das ergibt das Karma wiederum – rasch Spanisch lernt, in so früher Jugend eine so entfernt liegende Sprache lernt. Das bedeutet eine vollständige Beeinflussung der ganzen Seelenverfassung. So daß dieser Grundton der Kerkerhaft, wo ihn doch die Empörung gegen die Spanier ausgefüllt hat, dadurch wiederum in seiner Seele heraufkommt, daß die spanische Sprache in ihm lebendig wird und seine Ideen, seine Gedanken durchdringt. Gerade was ihm das bitterste war während dieser Gefangenschaft, das kommt in dasjenige unterbewußte Gebiet hinein, wo die Sprache eben waltet. Erst als er zur Universität kommt, beschäftigt er sich etwas mit Naturwissenschaft, weil das die Zeit erfordert. Will man ein gebildeter Mensch in unserer Zeit sein, muß man eben etwas Naturwissenschaft kennen.

Jetzt muß ich Ihnen sagen, wer es ist, weil ich Ihnen weitererzählen muß: Es ist der unglückliche *Otto Weininger.*

Und nun, nachdem Otto Weininger das Naturwissenschaftliche an der Universität nachgeholt hat, bringt er all das, was in ihm brodelt und was so brodelt, wie es nur ein Erdenleben geben kann, das die Wiederholung einer Lücke des vorigen ist, nun bringt er all das, als er den philosophischen Doktor an der Wiener Universität macht, in seiner Doktor-Dissertation, die er dann, nachdem er promoviert ist, ausarbeitet zu einem dicken Buch: «Geschlecht und Charakter».

In diesem Buche «Geschlecht und Charakter» brodelt nun all dasjenige drinnen, was früher da war. Aufblitzen sieht man zuweilen Campanellaschen Utopismus mit uralten Anschauungen, die sich in einer wunderbaren Weise äußern. Was ist Sittlichkeit? Die Frage beantwortet Weininger so, daß er sagt: Das in der Natur erscheinende Licht ist die äußere Offenbarung der Sittlichkeit. Wer das Licht kennt, kennt die Sittlichkeit. Daher muß in der Tiefsee-Fauna und -Flora, die ohne das Licht lebt, der Quell der Unsittlichkeit auf Erden zu suchen sein. – Und wunderbare Intuitionen finden Sie bei ihm, zum Beispiel diese: man soll den Hund anschauen mit seiner merkwürdigen Physiognomie. Was zeigt er? Daß ihm etwas fehlt, daß er etwas verloren hat: er hat die Freiheit verloren.

Und so können Sie bei diesem Weininger tatsächlich etwas finden von Schauen, gemischt mit äußerstem Rationalismus, und können auch finden den Haß auf dasjenige, was ihm ward in einer früheren Inkarnation, was sich jetzt aber nicht auslebt im Haß auf das, was er gewußt hat, sondern im Haß auf seine weibliche Inkarnation, der sich in seinem ja bis zur Albernheit gehenden Weiberhaß in dem Werke «Geschlecht und Charakter» auslebt. Das alles zeigt Ihnen, wieviel in einer Seele an Spiritualität vorhanden sein kann, wie das viele zusammengekommen sein kann in der übersinnlichen Welt gegen das Zeitalter der Bewußtseinsseele hin mit Intellektualismus, wie aber das nicht heraus kann im gegenwärtigen Zeitalter, aber heraus will, selbst wenn das Leben, das so dargelebt wird, sozusagen nur die Wiederholung verlorener Lebenszeit von früher ist.

Merkwürdige Neigungen traten auf bei Weininger, wiederum außerordentlich bedeutsam für denjenigen, der karmische Zusammenhänge zu fassen vermag. Sein Biograph schildert, daß er sich gegen das Ende seines Lebens die Gewohnheit aneignete, durch ganz dünne Löcher, die er sich machte, aus einem finsteren Raum in eine beleuchtete Fläche hinauszuschauen und daß ihm das eine besondere Freude machte. Sie haben da die innersten, unmittelbarsten Lebensgewohnheiten, das ganze Leben des Kerkers, wiederum hineinscheinend.

Nun denken Sie, wie mit diesem Leben Süditalien zusammenhing. Da spielte sich ja ab, was ihn nun in dieses Erdenleben hereinführte.

Eine kleine Sache muß ich nur noch erwähnen, die wiederum für den Karmabetrachter außerordentlich wichtig ist. Natürlich gehörte auch Weininger zu den Nietzsche-Lesern. Und denken Sie sich die ganze Stimmung, die da lebte in dieser Weininger-Seele, Nietzsche lesend: «Jenseits von Gut und Böse»! Wie eine Bombe schlug in die Seele Nietzsches Behauptung und Ausführung ein, die Wahrheit sei ein Weib. Da wurde schon ganz und gar von Frauenhaß dasjenige gefärbt, was ich Ihnen schon geschildert habe.

Nun ist er zweiundzwanzig Jahre alt, im dreiundzwanzigsten Lebensjahre. All das wirkte auf ihn. Merkwürdige Gewohnheiten bilden sich in seiner Seele aus. Ist es denn wunderbar, daß ein Leben, das ein Gefangenschaftsleben nachlebt, schmerzlich berührt wird vom Sonnenuntergang, der an die beginnende Finsternis erinnert? Deshalb ist Weininger so, daß er Sonnenuntergänge immer als etwas Unerträgliches empfindet. Aber er hat, meine lieben Freunde, in dem jugendlichen Körper die Reife der Dreißigerjahre. Gewiß, wenn weniger begabte Menschen hochnäsig sind, eitel, so ist das nicht schön; aber hier begreift man es aus dem ganzen Karma heraus, daß er sich für etwas Besonderes hielt.

Er zeigte natürlich auch die verschiedensten Abnormitäten, denn dieses Leben war die Wiederholung eines Kerkerlebens. Da tut man nicht immer ganz gewöhnliche normale Dinge. Wenn die sich karmisch erfüllen, dann kann man auf einen gewöhnlichen Psychiater schon den Eindruck eines Epileptikers machen. Den machte auch Weininger. Aber diese Epilepsie war die Wiederholung des Kerkerlebens, waren die Abwehrhandlungen, die jetzt keinen Sinn hatten in einem freien Leben, sondern die eben die karmischen Wiederholungen des Kerkerlebens waren. Er war nicht ein gewöhnlicher Epileptiker. Und wundern wir uns nicht, daß er, als er im Anfang der Zwanzigerjahre ist, plötzlich den Drang verspürt, ganz allein aus dem ganz Unbestimmten heraus Hals über Kopf eine Reise nach Italien zu machen. Während dieser Reise schreibt er ein ganz wunderbares kleines Buch «Über die letzten Dinge», wo Schilderungen von elementarischer Natur drinnen sind, die einem so erscheinen, als wenn jemand die Schilderungen der Atlantis karikieren will, ganz großartig, aber natürlich vom psychiatrischen Standpunkt aus ganz verrückt. Doch man muß das karmisch betrachten. Er reist Hals über Kopf nach Italien und kommt zurück, verbringt einige Zeit in der Nähe von Wien in Brunn am Gebirge. Von Italien zurückgekehrt, schreibt er noch einige Gedanken auf, die ihm während der italienischen Reise gekommen sind, großartige Ideen über den Zusammenklang des Moralischen mit dem Natürlichen, mietet sich dann ein in Beethovens Sterbehaus, lebt da einige Tage in Beethovens Sterbezimmer und – er hat nun durchlebt die Gefangenschaft von früher – erschießt sich. Das Karma war erfüllt. Erschießt sich aus einem inneren Drang heraus, weil er die Vorstellung hat, er würde ein ganz schlechter Mensch werden, wenn er weiterleben würde. Es ergab sich ihm eben nicht mehr die Möglichkeit, weiterzuleben, weil das Karma erfüllt war.

Sehen Sie sich, meine lieben Freunde, von diesem Gesichtspunkte aus Otto Weiningers Werke an. Sehen Sie all die Hemmnisse, die eine Seele hat, die selbst in so abnormer Weise aus dem Renaissance-Zeitalter in die Gegenwart hereingestellt ist; sehen Sie die Hemmnisse, die sie hat, Spirituelles zu finden, trotzdem sie soviel Spirituelles auf dem Grunde, in dem Unbewußten ihrer Seele hat, und ziehen Sie daraus den Schluß, was alles für Hindernisse es gibt in dem Michael-Zeitalter, um den Forderungen dieses Michael-Zeitalters voll gerecht zu werden.

Denn natürlich wäre es auch denkbar gewesen, wenn die Weininger-Seele spirituelle Weltanschauungen hätte aufnehmen können, daß sie die Entwickelung trotzdem hätte fortsetzen können, nicht bloß durch Selbstmord hätte beschliessen müssen die Wiederholung des Gefangenenlebens.

Aber es ist schon bedeutsam, so zu verfolgen, wie sich alte Spiritualität bis in die neueren Zeiten herein in den Menschenseelen entwickelt und dann stoppt; und es ist schon bedeutsam, gerade an solchen interessanten Erscheinungen zu sehen, *wie* gestoppt ist.

Ich denke, man konnte doch einen tiefen Blick in die karmischen Zusammenhänge hineintun, auch insofern es gewisse karmische Zusammenhänge des Geisteslebens der Gegenwart beleuchtet, indem man diese vier aufeinanderfolgenden Inkarnationen einer immerhin außerordentlich interessanten Individualität hinstellte, die ja umfassen das Leben vom sechsten Jahrhunderte vor dem Mysterium von Golgatha bis heute. Wir haben da die Spanne Zeit, in die alles dasjenige hineingehört, was wir betrachten müssen, wenn wir das Leben der Gegenwart verstehen wollen.

Wir haben heute einen Fall betrachtet, der uns lehrt, was alles eine Seele in diesem Zeitalter durchmachen kann. Ich will viel lieber solche Dinge nach den konkreten Erlebnissen der Seele schildern als durch abstrakte Erörterungen.

Damit habe ich zunächst diese Episode gegeben und werde diesen Vortragszyklus dann am Dienstag im Abendvortrag, dem letzten dieser Mitgliedervorträge, beschließen.

ZEHNTER VORTRAG

Dornach, 23. September 1924

Aus den Betrachtungen am letzten Sonntag werden Sie jedenfalls dieses gesehen haben, daß der Mensch, wie er körperlich und durch die Erziehung in der Gegenwart gestaltet ist, nicht leicht hereinbringt in die gegenwärtige Inkarnation, selbst wenn sie so merkwürdig liegt wie diejenige, von der ich am letzten Sonntag gesprochen habe, das, was an spirituellem Inhalte aus früheren Inkarnationen hereinwill. Denn wir leben nun einmal in dem Zeitalter der Bewußtseinsseelen-Entwickelung, jener Seelenentwickelung, welche ganz besonders ausbildet den Intellekt, der ja heute das ganze Leben beherrscht, wenn man auch oftmals nach dem Gefühle und Gemüte schreit; diejenige Seelenfähigkeit, die sich am meisten emanzipieren kann von dem elementarisch Menschlichen, von dem, was der Mensch als sein tieferes seelisches Wesen in sich trägt.

Das Bewußtsein von dieser Emanzipation des Intellektuellen kommt ja dann durch, wenn gesprochen wird von dem kalten Verstande, in dem die Menschen ihren Egoismus äußern, in dem die Menschen ihre Anteilnahmslosigkeit, ihre Mitleidlosigkeit mit der anderen Menschheit, selbst oftmals mit Nahestehenden äußern. Mit dem kalten Verstande bezeichnet man das Verfolgen all derjenigen Wege, die nicht auf die Ideale der Seele gehen, sondern die darauf hinauslaufen, nach Nützlichkeitsgründen sich die Lebenswege vorzuzeichnen und so weiter.

In diesen Dingen drückt sich eine Empfindung dafür aus, wie das Verständige, das Intellektualistische, das Rationalistische sich vom Menschlichen im Menschen drinnen emanzipiert. Und wer ganz durchschaut, in welch hohem Grade die heutigen Seelen intellektualisiert sind, der begreift dann auch in jedem einzelnen Falle, wie Karma gerade in jetzige Seelen dasjenige hineintragen muß, was auch an hoher Spiritualität in abgelaufenen Zeitaltern von diesen Seelen durchgemacht worden ist.

Denn bedenken Sie nur das Folgende. Nehmen wir jetzt ganz im allgemeinen – ein spezielles Beispiel habe ich Ihnen das letzte Mal gezeigt –, aber nehmen Sie jetzt ganz im allgemeinen eine Seele, welche in den Jahrhunderten vor dem Mysterium von Golgatha oder in den Jahrhunderten nach dem Mysterium von Golgatha so gelebt hat, daß ihr die geistige Welt eine Selbstverständlichkeit war, daß sie nach ihren eigenen Erfahrungen von der geistigen Welt reden konnte wie von einer Welt, die ebenso vorhanden ist wie die farbige, die warme oder kalte Welt der Sinne.

Das alles liegt in der Seele drinnen. Das alles steht zwischen dem Tod und einer neuen Geburt oder in wiederholten solchen Zeiträumen im Verhältnis mit den geistigen Welten der höheren Hierarchien. Mannigfaltiges ist in dieser Seele ausgearbeitet worden.

Aber nun soll ja gerade wiederum durch andere karmische Zusammenhänge, sagen wir, eine solche Seele in einem Leib sich inkarnieren, der ganz auf Intellektualismus hin gestimmt ist, der also aus der Zivilisation der Gegenwart nur allein die gangbaren Begriffe, die sich ja eigentlich nur auf Äußerliches beziehen, aufnimmt. Es ist dann nur das eine möglich, daß für diese Inkarnation dasjenige in das Unterbewußtsein sich zurückzieht, was da an Spiritualität herüberkommt, und daß eine solche Persönlichkeit in dem Intellekt, den sie entwickelt, vielleicht einen gewissen Idealismus zeigt, ein Hinneigen zu allerlei schönen, guten, wahren Idealen, aber doch nicht dazu kommt, die Dinge, die in der Seele liegen, aus dem Unterbewußten in das gewöhnliche Bewußtsein heraufzuheben. Solche Seelen gibt es viele heute. Und für denjenigen, der in der richtigen Weise mit einem auf das Spirituelle geschulten Auge die Welt anzuschauen vermag, für den widerspricht heute so manches Antlitz dem, was bei den betreffenden Menschen zutage tritt. Das Antlitz sagt: Da ist auf dem Grunde der Seele viel Spiritualität. Sobald der Mensch aber spricht, redet er gar nicht von Spiritualität. Daher hat es in keiner Zeit eigentlich das in einem so hohen Grade gegeben, daß die Gesichter demjenigen widersprochen haben, was der Mensch ausspricht, als eben in der heutigen Zeit.

Wer verstehen will, daß Kraft und Energie und Ausdauer und heilige Begeisterung notwendig sind, um das, was nun schon einmal für das heutige Zeitalter gehört: Intellektualismus, umzuwandeln in Spiritualität, so daß die Gedanken, die Ideen sich erheben in die geistige Welt und man mit Ideen ebenso zum Geiste hinauf den Weg finden kann wie hinunter zu der Natur, wer das verstehen will, der muß eben sich klar sein darüber, daß zunächst der Intellektualismus die denkbar stärksten Hemmnisse bietet für das Sichoffenbaren eines in der Seele befindlichen Spirituellen. Und nur dann, wenn man gewissermaßen aufmerksam darauf ist, wird man als Anthroposoph den innerlichen Enthusiasmus finden, die Ideen der Anthroposophie aufzunehmen, die ja nun schon einmal mit dem Intellektualismus des Zeitalters rechnen müssen, die sozusagen das Kleid des zeitgenössischen Intellektualismus annehmen müssen. Aber ein solcher Mensch wird auch durchdrungen werden können davon, daß er mit den ja nicht auf die äußere Sinnenwelt bezüglichen Ideen der Anthroposophie ausersehen ist dazu, dasjenige zu erfassen, worauf sich diese Ideen beziehen: das Geistige. Es bleibt das Sichversenken in die Ideen der Anthroposophie dennoch dasjenige, was den heutigen Menschen, wenn er nur will, am sichersten hinaufleiten kann in die Spiritualität.

Das, was ich jetzt als letzten Satz ausgesprochen habe, meine lieben Freunde, das kann man eigentlich erst aussprechen vielleicht seit zwei bis drei Jahrzehnten. Vorher war das noch nicht möglich. Denn vorher, trotzdem schon Ende der siebziger Jahre die Michael-Herrschaft begonnen hat, vorher war es doch so, daß die Ideen, welche die Zeit jemandem entgegentrug, selbst bei den Idealisten, so stark nur auf die Sinneswelt gerichtet waren, daß ein Erheben vom Intellektualismus zur Spiritualität in den siebziger, achtziger, neunziger Jahren des vorigen Jahrhunderts nur in Ausnahmefällen eben möglich war.

Was diese Tatsache bewirkte, möchte ich Ihnen heute an einem Beispiel zeigen. Ich möchte Ihnen zeigen, daß es in diesem Zeitalter, in das die Anthroposophie als die Anschauung vom Spirituellen hineingestellt werden muß aus den Gründen, die ich ja gerade in diesem Vortragszyklus für Mitglieder entwickelt habe, außerordentlich stark so ist, daß jenes Spirituelle, das von früher herauf in die Seelen kommt, zurückgestaut ist und zurückgestaut werden muß. Ja, am Ende des vorigen Jahrhunderts mußte es sich, ohne sich überhaupt in irgendeiner Weise offenbaren zu können, zurückziehen vor dem Intellektualismus.

Verstehen Sie recht, was ich meine. Nehmen wir an, irgendeine Persönlichkeit lebte in der zweiten Hälfte des neunzehnten Jahrhunderts und hätte in sich gehabt eine starke Spiritualität aus früheren Inkarnationen: Sie lebt sich herein in die gegenwärtige Bildung, die damals gegenwärtige Bildung; die ist intellektualistisch, durch und durch intellektualistisch. Nun ist aber in der Persönlichkeit, die ich meine, die Nachwirkung der Spiritualität noch so stark, daß diese heraus will, richtig heraus will. Aber der Intellektualismus verträgt das nicht. Die Persönlichkeit wird intellektualistisch erzogen, die Persönlichkeit erlebt im gesellschaftlichen Umgange, in den sie hineinkommt, im Beruf, überall Intellektualismus; dahinein in diesen Intellektualismus kann das nicht, was sie in der Seele trägt. Es würde das eine Persönlichkeit sein, von der man sagen kann: Die wäre eigentlich zur Anthroposophie wie berufen. – Aber sie kann nicht Anthroposoph werden, weil gerade das, wenn es in den Intellekt schon hätte hinein können aus der Spiritualität der früheren Inkarnation, Anthroposophie geworden wäre. Es kann nicht Anthroposophie werden, bleibt zurück, bekommt gewissermaßen einen Schock vor dem Intellektualismus. Was kann die Persönlichkeit anderes tun, als höchstens den Intellektualismus überall als etwas behandeln, an das sie nicht heranwill, damit das, was in ihrer Seele ist, herauskommen kann in irgendeiner Inkarnation. Es wird dann natürlich nicht vollkommen herauskommen, weil es dem Zeitalter nicht entspricht. Es wird vielleicht sogar wie ein Stammeln sein; aber man wird der Persönlichkeit ansehen, daß sie überall davor zurückzuckt, gar zu weit zu gehen, von dem Intellektualismus des Zeitalters berührt zu werden.

Dafür möchte ich Ihnen eben ein Beispiel anführen. Ich möchte zunächst erinnern an eine hier auch oftmals und immer wieder für die verschiedensten Dinge genannte Persönlichkeit des Altertums, *Plato.* Plato, der Philosoph des fünften und vierten vorchristlichen Jahrhunderts, lebt eigentlich wie eine Seele, die vieles von dem vorausnimmt, was dann in Jahrhunderten die Menschheit sinnt. Und ich habe ja, als ich auf die großen geistigen Inhalte der Schule von Chartres hinwies, darauf hingewiesen, daß platonischer Geist seit langer Zeit in der Entwickelung des Christentums lebte und daß er in einer gewissen Weise gerade in diesen großen Lehrern der Schule von Chartres seine Ausgestaltung gefunden hat, so wie er eben damals hat ausgestaltet werden können.

Man muß sich nur klar sein darüber: Platos Geist ist zunächst der Ideenwelt zugewendet. Allein man darf sich nicht vorstellen, meine lieben Freunde, daß Idee bei Plato dasselbe abstrakte Ungetüm ist, was für uns heute Ideen sind, wenn wir dem gewöhnlichen Bewußtsein huldigen. Für Plato war die Idee fast etwas von dem, was die persischen Götter Amschaspands waren, die dem Ahura Mazdao als wirkende Genien zur Seite standen; wirkende Genien, die in imaginativer Anschauung nur erreichbar waren, das waren für Plato eigentlich die Ideen: wesenhaft. Nur schilderte er sie schon nicht mehr mit der Lebendigkeit, mit der man in früheren Zeiten solche Dinge geschildert hat. Er schildert sie wie Schatten, könnte man sagen, von Wesenheiten. Und dadurch entstehen ja dann die abstrakten Gedanken, daß die Ideen immer schattenhafter und schattenhafter von den Menschen genommen werden. Aber Plato, indem er weiterlebt, vertieft sich doch in einer Weise, so daß man sagen möchte, in seine Ideenwelt ergießt sich fast die ganze Weisheit der damaligen Zeit. Man braucht bloß seine späteren Dialoge zu nehmen und man wird Astrologisch-Astronomisches, man wird Kosmologisches, wunderbar Psychologisches, Völkerhistorisches bei Plato finden, alles in einer Art von Spiritualität, welche das Spirituelle eben bis zur Idee, ich möchte sagen, verfeinert, verschattenhaftet.

Aber es lebt alles in Plato. Und es lebt vor allen Dingen in Plato die Anschauung: Die Ideen sind die Gründe von alledem, was in der Sinneswelt vorhanden ist. Überall, wo wir hinblicken in der

Sinneswelt, was wir auch schauen, es ist der äußere Ausdruck, die äußere Offenbarung von Ideen. – Dabei tritt in Platos Weltanschauung ein anderes Element noch herein, das ja auch der Welt bekanntgeworden ist in einem Schlagworte, das viel mißverstanden und auch viel mißbraucht worden ist: in dem Schlagworte der platonischen Liebe. Die durchgeistigte Liebe, die möglichst viel von dem abgelegt hat, was der Liebe oftmals noch beigemischt ist von Egoismus, diese durchgeistigte Hingabe an Welt, Leben, Mensch, Gott, Idee, das ist ja etwas, was die platonische Lebensauffassung durchaus durchzieht. Und das ist dasjenige, was in gewissen Zeitaltern zurücktritt, was aber dann immer wiederum aufleuchtet. Denn der Platonismus wird immer wieder aufgenommen, bildet da und dort wiederum dasjenige, an dem sich die Menschen hinaufranken, bildete eben auch den Einschlag für das, was gelehrt worden ist in der Schule von Chartres.

Nun, man hat oftmals schon in Plato eine Art Vorläufer des Christentums gesehen. Allein zu meinen, daß Plato ein Vorläufer des Christentums gewesen sei, das heißt das Christentum mißverstehen. Denn das Christentum ist nicht eine Lehre, sondern das Christentum ist eine Lebensströmung, welche an das Mysterium von Golgatha anknüpft, und vom wirklichen Christentum kann man erst seit dem Mysterium von Golgatha sprechen. Man kann aber davon sprechen, daß es Christen gegeben hat in dem Sinne, daß sie vor dem Mysterium von Golgatha jene Gestalt, die dann innerhalb des Erdenlebens der Menschheit als Christus erkannt wurde, als Sonnenwesenheit verehrt haben, dieselbe Wesenheit im Sonnenwesen gesehen haben. Wenn man in diesem Sinne von Vorläufern des Christentums sprechen will, muß man aber von vielen Mysterienschülern als solchen Vorläufern sprechen; dann kann man auch von Plato als einem Vorläufer des Christentums sprechen. Aber man muß natürlich die Sache nur richtig verstehen.

Nun habe ich ja schon vor einiger Zeit hier davon gesprochen, daß, als Plato noch lebte, nicht gerade in Platos Philosophenschule, aber unter Platos Einfluß – ich habe es sogar schon vor Jahrzehnten erwähnt –, herangewachsen ist ein Künstler, nicht aus platonischer Philosophie, aber aus platonischem Geiste heraus, der dann, nachdem er durch andere Inkarnationen gegangen ist, als *Goethe* wiedergeboren worden ist, und der karmisch dasjenige, was aus den früheren Inkarnationen, namentlich aber aus der Plato-Strömung kam, in der Jupiter-Region umgewandelt hat, so daß es diejenige Art von Weisheit werden konnte, die eben bei Goethe alles durchdringt. Wir können also schon hinblicken auf ein edles Verhältnis Platos gerade zu diesem – nicht Plato-Zögling, aber Plato-Folger; denn er ist nicht Philosoph, wie gesagt, sondern Künstler im griechischen Zeitalter. Aber Platos Auge fiel noch auf ihn, nahm auf das ungeheuer Vielversprechende dieses Jünglings, der hier gemeint ist.

Nun, Plato hatte es eigentlich schwer, hindurchzutragen durch die folgenden Zeiten, durch die übersinnliche Welt dasjenige, was er in seiner Plato-Inkarnation in seiner Seele trug. Er hatte es sehr schwer. Denn obzwar der Platonismus da und dort aufleuchtete: wenn Plato heruntersah auf dasjenige, was sich unten als Platonismus entwickelte, so bedeutete das für ihn vielfach eine furchtbare Störung seines übersinnlichen Seelen- und Geisteslebens.

Nicht als ob man dasjenige, was als Platonismus fortlebte, deshalb verurteilen oder abkritisieren wollte. Selbstverständlich, die Seele des Plato lebte Stück für Stück immer mehr und mehr dasjenige in die folgenden Zeitalter hinüber, was eben in ihr lag. Aber gerade Plato, der ja noch verbunden war mit allen Mysterien des Altertums, von dem ich sagen konnte, daß seine Ideenlehre ja eine Art persischen Einschlags hatte, gerade Plato hatte es schwer, als er die Zeit absolviert hatte – es war bei ihm sogar eine ziemlich lange Zeit –, um zu einer neuen Inkarnation zu kommen, er hatte es eigentlich schwer, in die christliche Kultur einzutreten, in die er doch eintreten mußte. Und so kann man sagen: Trotzdem man in dem Sinne, wie ich es eben ausgesprochen habe, Plato dennoch als einen Vorläufer des Christentums bezeichnen kann, lag die ganze Seelen-Orientierung Platos so, daß es ihm außerordentlich schwer wurde, als er reif war zum Wiederheruntersteigen auf die Erde, eine Organisation, einen Leib zu finden, um in ihn das Frühere so hineinzutragen, daß es mit christlicher Schattierung, mit christlicher Nuancierung jetzt erschien. Und außerdem war Plato durch und durch Grieche mit all dem orientalischen Einschlag, den die Griechen hatten und den die Römer gar nicht hatten. Plato war in gewissem Sinne eine Seele, welche hinauftrug bis in das höherpoetische Reich die Philosophie, und künstlerisch sind die philosophischen Dialoge Platos. Überall ist Seele und überall drinnen eben die in wahrem Sinne zu verstehende platonische Liebe, die auch den orientalischen Ursprung durchaus verrät.

Plato ist Grieche. Die Zivilisation, innerhalb welcher er sich allein verkörpern kann, als er reif ist zur Verkörperung, als er sozusagen für die übersinnliche Welt alt geworden ist, diese Zivilisation ist römisch und christlich. Ich möchte sagen, wenn ich mich trivial ausdrücken darf: Da muß er nun hinein. Da muß er auch alle Kräfte zusammennehmen, um zurückzudrängen das Widerstrebende. Denn in Platos Wesen liegt Zurückweisung des prosaischnüchtern Römischen, des juristisch Römischen, eigentlich die Zurückweisung von allem Römischen.

Und in Platos Wesen liegt auch eine gewisse Schwierigkeit, das Christentum anzunehmen, weil er ja gerade den Höhepunkt der vorchristlichen Weltanschauung in gewissem Sinne darstellt und es sich auch an Äußerlichkeiten zeigte, daß das eigentliche Plato-Wesen nicht in das Christentum leicht untertauchen konnte. Denn was tauchte dann unter in das Christentum hier in der sinnlichen Welt? Der Neuplatonismus. Der war aber etwas ganz anderes als der wirkliche Platonismus. Zwar bildete sich heraus, nicht wahr, eine Art von platonisierender Gnosis und so weiter, aber eben eine Möglichkeit, das unmittelbare Plato-Wesen ins Christentum herüberzunehmen, bestand nicht. Und so war es auch für Plato schwierig, aus all der Aktivität, die er als Plato-Wesen in sich trug und jetzt in den Ergebnissen wieder hereinbringen mußte, in die Welt irgendwie unterzutauchen. Er mußte die Aktivität zurückstellen.

Und so verkörperte er sich im zehnten Jahrhundert des Mittelalters als die Nonne *Hroswitha,* jene ja vergessene, aber grandiose Persönlichkeit des zehnten Jahrhunderts, die das Christentum in einem wirklich platonischen Sinne eigentlich aufgenommen hat, die im Grunde genommen ungeheuer viel vom Platonismus in das mitteleuropäische Wesen hineingetragen hat. Sie gehörte dem Kloster Gandersheim im Braunschweigischen an, trug ungeheuer viel hinein in das mitteleuropäische Wesen vom Platonismus. Das konnte im Grunde genommen damals nur eine Frau tun. Würde nicht mit dem Frauenkolorit Platos Wesen erschienen sein, es hätte nicht das Christentum annehmen können in dieser Zeit. Aber auch das Römertum, das ja damals in aller Bildung war, mußte aufgenommen werden, ich möchte sagen, zwangsmäßig aufgenommen werden. So sehen wir denn diese Nonne zu jener merkwürdigen Persönlichkeit sich entwickeln, die lateinische Dramen schreibt in terenzischem Stil, im Stil des römischen Dichters Terenz, die wirklich außerordentlich bedeutend sind.

Ja, sehen Sie, man möchte sagen, es liegt fast furchtbar nahe, Plato zu verkennen, wenn er irgendwie herankommt. Ich habe öfter erwähnt, wie Friedrich Hebbel sich ein Drama notiert hat – es ist der Plan nur als Notiz vorhanden –, worinnen er humoristisch behandeln wollte, wie in einer Gymnasialklasse der wiederverkörperte Plato sitzt. Das ist dichterische Phantasie natürlich, aber Hebbel wollte das darstellen: wie in einer Gymnasialklasse der wiederverkörperte Plato sitzt und die platonischen Dialoge von dem Lehrer, dem Gymnasiallehrer, durchgenommen werden und die schlechtesten Zensuren in bezug auf die Interpretationen der platonischen Dialoge der wiederverkörperte Plato bekommt. Das hat sich Hebbel notiert als Dramenstoff. Er hat es dann nicht ausgearbeitet. Aber es ist sozusagen eine Ahnung, wie leicht überhaupt Plato zu verkennen ist. Er kann leicht verkannt werden. Das ist so ein Zug, möchte ich sagen, der mich besonders interessiert hat in der Verfolgung der Plato-Strömung, weil dieses Verkennen eigentlich außerordentlich instruktiv ist, um die richtigen Wege zu finden für das Weitergehen der platonischen Individualität.

Es ist ja schon höchst interessant, daß sich ein deutscher Philologe gefunden hat, der den wissenschaftlichen Nachweis geführt hat – ich weiß jetzt den Namen nicht, irgendein Schmidt oder

Müller –, den unumstößlichen Beweis erbracht hat, daß die Nonne Hroswitha kein einziges Drama geschrieben hat, überhaupt nichts von ihr herrührt, sondern daß irgendein Ratgeber des Kaisers Maximilian das alles gefälscht habe – was natürlich ein Unsinn ist. Aber an Plato hängt eben die Verkennung.

Und so sehen wir denn wirklich intensive christlich-platonische Geistessubstantialität, verbunden mit mitteleuropäisch-germanischem Geist, in dieser Individualität der Nonne Hroswitha aus dem zehnten Jahrhundert. Es lebt in dieser Frau sozusagen die ganze Bildung der damaligen Zeit. Es ist eine staunenswerte Frau in Wirklichkeit. Und gerade diese Frau macht nun mit diejenigen übersinnlichen Entwickelungen, von denen ich Ihnen gesprochen habe: den Übergang der Lehrer von Chartres in die geistige Welt, das Herunterkommen derjenigen, die dann Aristoteliker sind, die Michael-Schulung. Aber eben doch in einer ganz merkwürdigen Art macht sie das mit. Man möchte sagen, hier streiten miteinander der männliche Geist Platos und der weibliche Geist der Nonne Hroswitha, die beide ihre Ergebnisse für die geistige Individualität hatten. Wäre die eine Inkarnation unbedeutend gewesen, was ja meistens der Fall ist, so würde ein solches innerliches Streiten dann nicht stattgefunden haben. Aber hier bei dieser Individualität hat dieses innerliche Streiten eigentlich die ganze Zeit über gedauert.

So daß wir sehen, daß die Individualität, als sie wiederum auf die Erde zu kommen reif ist im neunzehnten Jahrhundert, daß diese Individualität sich zu einer solchen ausbildet, wie ich sie hypothetisch schon gerade vorher beschrieben habe: Die ganze Spiritualität Platos wird zurückgehalten, staut sich vor der Intellektualität des neunzehnten Jahrhunderts, will nicht heran. Und damit das leichter wird, sitzt ja die Frauenkapazität der Nonne Hroswitha in derselben Seele. So daß diese Seele in der Weise auftritt, daß ihr alles dasjenige, was sie aus ihrer Fraueninkarnation, aus ihrer bedeutenden, leuchtenden Fraueninkarnation hat, es leicht macht, den Intellektualismus doch da, wo es ihr gefällt, abzustoßen.

Und so entsteht neu in dem neunzehnten Jahrhundert auf Erden diese Individualität, die hineinwächst in die Intellektualität des neunzehnten Jahrhunderts, aber diese Intellektualität eigentlich nur immer von außen etwas an sich herankommen läßt, innerlich aber ein gewisses Zurückzucken davor hat; dafür aber in einer nicht intellektualistischen Weise den Platonismus vorschiebt im Bewußtsein und überall, wo sie nur kann, davon redet, daß Ideen in allem leben. Dieses Leben in Ideen wurde dieser Persönlichkeit etwas ganz Selbstverständliches. Aber der Körper war so, daß man immer das Gefühl hatte: Der Kopf kann eigentlich nicht das alles ausprägen, was da an Platonismus herauswill. Auf der anderen Seite konnte diese Persönlichkeit in einer schönen, in einer herrlichen Weise dasjenige aufleben lassen, was sich hinter der platonischen Liebe verbirgt.

Aber noch weiter. In der Jugend hatte diese Persönlichkeit etwas wie Träume davon, daß doch nicht richtig römisch sein dürfe Mitteleuropa, wo sie ja gelebt hat als Nonne Hroswitha, sie stellte sich dieses Mitteleuropa als ein neues Griechenland vor – da schlägt der Platonismus durch – und stellte dasjenige, was als rauhere Gegend Griechenland gegenüberstand, Mazedonien, als den europäischen Osten vor. Merkwürdige Träume waren es, die in dieser Persönlichkeit lebten, denen man eigentlich ansah, daß sie die moderne Welt, in der sie selbst drinnen lebte, vorstellen wollte wie Griechenland und Mazedonien. Immer wieder tauchte gerade in der Jugend dieser Persönlichkeit der Drang auf, die moderne Welt, Europa im Großen, als das vergrößerte Griechenland und Mazedonien vorzustellen. Es ist sehr interessant.

Nun, diese Persönlichkeit, von der ich da spreche, ist *Karl Julius Schröer.* Und Sie brauchen ja nur mit dem, was ich Ihnen nun zusammengetragen habe, Karl Julius Schröers Schriften durchzugehen: von allem Anfange an redet er eigentlich ganz platonisch. Aber er hütet sich – es war etwas ganz Merkwürdiges –, er hütet sich, ich möchte sagen mit frauenhafter Zimperlichkeit, vor dem Intellektualismus da, wo er ihn nicht brauchen kann.

Er sagte immer gern, wenn er über Novalis sprach: Ja, Novalis, das ist eben ein Geist, den man nicht begreifen kann mit dem modernen Intellektualismus, welcher ja nichts kennt, als daß zwei mal zwei vier ist.

Und Karl Julius Schröer hat eine Geschichte der deutschen Dichtung im neunzehnten Jahrhundert geschrieben. Schauen Sie sich das an: Überall wo man mit dem Platonismus gefühlsmäßig herankommen kann, ist sie sehr gut; da wo man Intellektualismus braucht, da wird's plötzlich so, daß die Zeilen versiegen. Er ist gar nicht professorenhaft. So schreibt er auch über Sokrates, der bei der neueren Inkarnation äußerlich in der Welt gar nicht berücksichtigt wurde, über den die übrigen Literaturgeschichten schweigen, viele Seiten;* über diejenigen, die berühmt sind, da schreibt er manchmal ein paar Zeilen. Als diese Literaturgeschichte erschienen ist, oh, da haben alle literarischen Knöpfe die Hände über dem Kopf zusammengeschlagen! Ein ganz berühmter Knopf war dazumal *Emil Kuh.* Der sagte: Diese Literaturgeschichte ist überhaupt nicht von einem Kopf geschrieben, sondern bloß aus einem Handgelenk herausgeflossen. – Karl Julius Schröer hat auch eine Faust-Ausgabe gemacht. Ein Grazer Professor, der übrigens sonst ein netter Mann war, hat eine so abscheuliche Rezension darüber geschrieben, daß, ich glaube, zehn Duelle unter den Grazer Studenten pro und kontra Schröer ausgefochten worden sind. Es war schon ein arges Verkennen da. Das ging so weit, daß mir einmal diese geringe Schätzung Schröers eigentümlich in einer Gesellschaft in Weimar entgegentrat, wo Erich Schmidt eine hochangesehene Persönlichkeit war und über alles dominierte, wenn er unter anderen war. Da war die Rede davon, welche Prinzessinnen und Prinzen am Hofe zu Weimar gescheit sind und welche töricht sind. Das wurde da auseinandergesetzt. Und Erich Schmidt sagt: Ja, die Prinzessin Reuß – das war ja eine der Töchter der Großherzogin von Weimar – ist keine kluge Frau, denn sie hält den Schröer für einen großen Mann. Das war sein Grund.

Nun, sehen Sie, verfolgen Sie das alles, bis zu dem wunderschönen Büchelchen «Goethe und die Liebe»: da finden Sie drinnen

* Der vorangehende Satz konnte nach einer nochmaligen gründlichen Prüfung der Originalstenogramme korrigiert werden. Näheres darüber siehe in «Beiträge zur Rudolf Steiner Gesamtausgabe» Nr. 99/100, Ostern 1988, Seite 68–69.

wirklich, was einer ohne Intellektualismus über die platonische Liebe im unmittelbaren Leben sagen kann. Daß da etwas Außerordentliches in Stil und Haltung gegeben ist in diesem Büchelchen «Goethe und die Liebe», das trat mir einmal so schön entgegen, als ich über dieses Büchelchen mit der Schwester Schröers sprach. Die nannte den Stil «völlig süß vor Reife». Das ist er auch. Es ist ein schöner Ausdruck: völlig süß vor Reife. Es ist alles so – man kann da in diesem Falle nicht sagen konzentriert, sondern alles so vornehm fein ausgestaltet. Vornehmheit überhaupt ist ihm besonders eigen.

Nun aber, diese platonische Spiritualität mit dem Zurückstoßen des Intellektualismus, platonische Spiritualität, die in diesen Körper hineinwill, das machte auch einen ganz besonderen, einen merkwürdigen Eindruck. Man sah Schröer so, daß man ganz deutlich wahrnahm: ganz ist diese Seele nicht in dem Körper drinnen. Und als er dann älter wurde, da konnte man sehen, wie diese Seele, weil sie doch eigentlich nicht recht in den Körper der damaligen Gegenwart hineinwollte, sich Stück für Stück aus diesem Körper zurückzog. Zunächst wurden die Finger geschwollen und dick, dann zog sich das Seelische immer weiter zurück, und Schröer endete ja in Altersschwachsinn.

Nicht die ganze Individualität, aber gerade einige Züge von Schröer sind dann auf meinen Capesius in den Mysterien übergegangen, den Professor Capesius. Man kann schon sagen: Wir haben da ein glänzendes Beispiel für die Tatsache, daß in die Gegenwart herein nur unter gewissen Bedingungen die spirituellen Strömungen des Altertums getragen werden können. Und man möchte schon sagen: In Schröer zeigte sich das Zurückschrecken vor der Intellektualität. Hätte er die Intellektualität erreicht und sie vereinigen können mit der Spiritualität des Plato: Anthroposophie wäre gekommen.

So aber sehen wir in seinem Karma, wie sich seine, ich möchte sagen, väterliche Liebe zu dem Folger Goethe – sie ist ja auf die Weise gekommen, wie ich es Ihnen gesagt habe, und Plato hatte dazumal für ihn eine väterliche Liebe –, wie sich diese umgestaltet und wie Schröer ein glühender Goethe-Verehrer wird. Das kommt in dieser Form wiederum herauf. Die Goethe-Verehrung Schröers hatte etwas außerordentlich Persönliches.

Er wollte in seinem Alter eine Goethe-Biographie schreiben. Er erzählte mir davon, bevor ich Ende der achtziger Jahre von Wien wegging. Dann schrieb er mir davon. Er schrieb aber niemals anders von dieser Goethe-Biographie, die er schreiben wollte, als so, daß er sagte: Goethe besucht mich immer in meiner Stube. – Es hatte etwas so Persönliches, was ja in dieser Weise karmisch vorausbestimmt war, wie ich es angedeutet habe.

Die Goethe-Biographie ist ja nicht zustande gekommen, weil Schröer eben dann in Altersschwachsinn verfiel. Aber man kann schon für den ganzen Duktus seiner Schriften eine lichtvolle Interpretation finden, wenn man diese Antezedenzien, die ich eben auseinandergesetzt habe, kennt.

So sehen wir, wie in dem eigentlich ganz vergessenen Schröer der Goetheanismus vor dem Tore des in Spiritualismus verwandelten Intellektualismus stehengeblieben ist. Was konnte man denn eigentlich anderes tun, wenn man, ich möchte sagen, von Schröer angeregt ist, als weiter fortzuführen den Goetheanismus in die Anthroposophie hinein! Es blieb einem ja sozusagen nichts anderes übrig. Und oftmals stand dieses für mich ergreifende Bild vor meinem seelischen Auge, wie Schröer die alte Spiritualität an Goethe heranträgt, darinnen bis zum Intellektualismus vordringen kann, und wie Goethe wieder erfaßt werden muß mit dem ins Spirituelle erhobenen modernen Intellektualismus, um ihn nun eigentlich vollständig zu verstehen. Dieses Bild ist mir selber gar nicht besonders leicht geworden; denn immer mischte sich wiederum – weil das, was Schröer war, nicht unmittelbar aufgenommen werden konnte – in mein Seelenstreben etwas von Opposition gegen Schröer.

Ich habe zum Beispiel, als Schröer in Wien an der Hochschule Übungen gehalten hat im mündlichen Vortrage und in der schriftlichen Darstellung, einmal eine ziemlich verdrehte Mephisto-Interpretation gegeben, bloß um Schröer zu widerlegen, den Lehrer, mit dem ich dazumal noch nicht so intim befreundet war. Und so regte sich schon einige Opposition. Aber, wie gesagt, was konnte man anderes tun, als die Stauung, die da eingetreten war, beheben und den Goetheanismus wirklich in die Anthroposophie hinüberführen!

So sehen Sie, wie nun der Gang der Weltgeschichte in Wirklichkeit verläuft. Er verläuft schon so, daß man sieht: Dasjenige, was man in der Gegenwart hat, das kommt zwar herauf mit Hemmnissen, Hindernissen, aber auf der anderen Seite auch wohl präpariert. Und eigentlich, wenn Sie dieses wunderbare, hymnenartige Darstellen der Frauenwesenheit bei Karl Julius Schröer lesen, wenn Sie seinen schönen Aufsatz, den er als Anhang zu seiner Literaturgeschichte, «Die deutsche Dichtung des neunzehnten Jahrhunderts», geschrieben hat: «Goethe und die Frauen», – wenn Sie dieses alles nehmen, ja, dann werden Sie sich sagen: Darinnen lebt wirklich etwas von Empfindung für Frauenwert und Frauenwesen, das ein Nachklang dessen ist, was die Nonne Hroswitha als ihr eigenes Wesen gelebt hat. Diese zwei vorangehenden Inkarnationen, diese gerade schwingen bei Schröer so wunderbar zusammen, daß einem dann das Abreißen gewiß tragisch ergreifend erscheint. Aber auf der anderen Seite auch stellt sich gerade in Schröer eine geistige Tatsachenwelt in das Ende des 19. Jahrhunderts hinein, die im ungeheuersten Sinne aufklärend wirkt für dasjenige, was die Frage beantworten kann: Wie bringen wir Spiritualität in das Leben der Gegenwart herein?

Das ist dasjenige, wodurch ich diesen Zyklus von Vorträgen abrunden wollte.

ANSPRACHE

Dornach, 28. September 1924

Meine lieben Freunde!

Es war mir unmöglich, gestern und vorgestern zu Ihnen zu sprechen. Aber die Michael-Weihestimmung für heute, die dann ja in unsere Herzen, in unsere Seelen auf morgen ausstrahlen muß, wollte ich dennoch nicht vorübergehen lassen, ohne wenigstens kurz zu Ihnen, meine lieben Freunde, gesprochen zu haben.

Daß ich es kann, ist nur möglich durch die hingebungsvolle Pflege der ärztlichen Freundin Frau Ita Wegman. Und so hoffe ich, daß ich doch heute in der Lage sein werde, dasjenige zu sagen, was ich Ihnen gern gerade bei dieser oder anläßlich dieser Festesstimmung sagen möchte.

Wir haben ja in der letzten Zeit, meine lieben Freunde, viel zu sprechen gehabt von dem Einströmen der Michael-Kraft in das Geschehen, in das geistige Geschehen der Menschen auf Erden. Und es wird wohl zu den schönsten Errungenschaften, ich möchte sagen, der anthroposophischen Zeit-Zeichen-Deutung gehören, wenn wir einmal in der Lage sein werden, richtig abgestimmte Michael-Feste zu den anderen Jahresfesten hinzuzufügen. Das wird aber erst dann möglich sein, wenn das Gewaltige des Michael-Gedankens, das ja heute erst gefühlt wird, geahnt wird, wenn das Gewaltige dieses Michael-Gedankens in eine Anzahl von Seelen übergegangen sein wird, die dann für eine solche Festesstimmung den richtigen menschlichen Ausgangspunkt werden bilden können.

Gegenwärtig können wir sozusagen Michael-Stimmungen um die Michael-Zeit hervorrufen dadurch, daß wir uns vorbereitenden Gedanken für eine künftige Michael-Festeszeit der Menschheit hingeben. Und solche vorbereitenden Gedanken werden in uns ganz besonders rege, wenn wir den Blick hinwenden auf dasjenige, was wir durch so lange Zeiträume hindurch haben wirken gesehen zum Teil auf der Erde, zum Teil in übersinnlichen Welten, um dasjenige vorzubereiten, was im Laufe dieses Jahrhunderts von jenen Seelen, die in Wirklichkeit, in rechter Stimmung sich zu der Michael-Strömung hingezogen fühlen, was von jenen Seelen für die Menschheitsentwickelung geleistet werden kann.

Und daß Sie, meine lieben Freunde, insofern Sie ehrlich hinneigen zur anthroposophischen Bewegung, zu diesen Seelen gehören, das begreiflich zu machen, war ja gerade mein Bestreben in den letzten Wochen und in denjenigen Auseinandersetzungen namentlich, in denen ich über einiges aus dem Karma der Anthrophosophischen Gesellschaft selber sprach.

Wir können noch auf etwas hinweisen und wollen dies gerade heute tun, was uns Wesenheiten vor die Seele bringt, die innig zusammenhängen und zusammenhängen werden immer mehr noch mit demjenigen, was hier als die Michael-Strömung geschildert worden ist, den Blick hinwenden auf Wesenheiten, die auf einen großen Teil der Menschheit – wenigstens in zwei aufeinanderfolgenden Inkarnationen – einen großen Eindruck machen: Wesenheiten, die sich aber erst für uns, indem wir sie erkennen als die aufeinanderfolgende Inkarnation einer Wesenheit, zu einem Einheitlichen zusammenschließen.

Wir sehen, wenn wir den geistigen Blick in alte Zeiten zurückwerfen, vor uns innerhalb der jüdischen Tradition auftauchen die prophetische Natur des *Elias*. Wir wissen, welche zielsetzende Bedeutung für das Volk des Alten Testamentes und damit für die Menschheit überhaupt diese zielsetzende Kraft des Propheten Elias hatte. Und wir haben ja darauf hingewiesen, wie im Laufe der Zeit an den wichtigsten Punkten der irdischen Menschheitsentwickelung die Wesenheit, welche in Elias da war, wiedererschienen ist, wiedererschienen ist so, daß ihr die Initiation, die sie haben sollte für die

Menschheitsentwickelung, der Christus Jesus selber geben konnte, wie die Wesenheit des Elias wiederum erschienen ist in *Lazarus-Johannes,* was ja eine und dieselbe Gestalt ist, wie Sie schon aus meinem «Christentum als mystische Tatsache» ersehen. *

Wir haben aber des weiteren gesehen, wie diese Wesenheit wiedererscheint in jenem Weltenmaler, der gerade über das Mysterium von Golgatha so ungeheuer eindrucksvoll seine künstlerische Entfaltung schweben lassen konnte. Und wir haben dann gesehen, wie dasjenige, was in tief christlichem Impulse wie das Wesen des Christentums selber in Farbe und Form hineindrängt, in *Raffael* lebte, wie das wiedererstand in dem Dichter *Novalis,* wie aus dem Dichter Novalis dasjenige in wunderschönen Worten sich offenbarte, was in Raffael vor die Menschheit hingestellt wurde in den schönsten Farben und Formen. Wir sehen die Aufeinanderfolge von Wesenheiten, die sich durch den Inkarnationsgedanken zu einer Einheit zusammenschließen.

Wir wissen, denn ich habe des öfteren auf diese Dinge hier schon aufmerksam gemacht, wie der Mensch, wenn er durch die Pforte des Todes durchgegangen ist, die Sternenwelten betritt, wie dasjenige, was wir äußerlich im physischen Sinne als Sterne bezeichnen, ja nur das äußere Zeichen jeweils ist für geistige Welten, die da auf uns herunterschauen, die aber in den Menschheitsentwickelungstaten durchaus überall mitwirken.

Wir wissen, daß der Mensch die Monden-, die Merkur-, die Venus-, die Sonnen-, die Mars-, die Jupiter-, die Saturnsphäre durchmacht, um, wenn er mit den Wesenheiten dieser Sphären und mit denjenigen Menschenseelen, die auch im abgeschiedenen Leben sind, sein Karma ausgearbeiter hat, wiederum zurückzukehren zu einem irdischen Dasein.

Werfen wir von diesem Gesichtspunkte aus einmal einen Blick auf Raffael, wie er durchgegangen ist durch die Pforte des Todes,

* Siehe hierzu auf Seite 175

wie er mit seiner schon auf Erden sternenglänzenden, sternenleuchtenden Künstlerschaft das Gebiet der Sternenwelten, das Gebiet der geistigen Entwickelung betritt, und wir werden folgendes gewahr, meine lieben Freunde: Wir werden gewahr, wie Raffael die Mondensphäre betritt, zu denjenigen Geistern in Beziehung tritt, die in der Mondensphäre leben und die ja die geistigen Individualitäten der einstigen großen Urlehrer der Menschheit sind, von deren Weisheit Raffael als Elias noch tief inspiriert war; wir sehen, wie er in Gemeinsamkeit mit diesen Mondenwesen und mit all den Seelen, mit denen er frühere Erdenstufen durchgemacht, durchlebt hat, wir sehen, wie er da sich zusammenschließt geistig mit alle dem, was geistige Erdenursprünge sind, mit all dem Wesenhaften, das ja eine Menschheit und ein göttliches Durchtränktsein des Irdischen überhaupt erst möglich gemacht hat; wir sehen Raffael sozusagen so echt unter den Seinigen, verbunden mit denjenigen, mit denen er im Elias-Dasein am liebsten zusammen war, weil sie diejenigen waren, die am Ausgange des Erdendaseins diesem Erdenleben das Ziel gesetzt haben.

Wir sehen ihn dann durchwandern die Merkursphäre, wo er mit den großen kosmischen Heilern zusammen all dasjenige für seine Geistigkeit ausgestaltet, was ihn befähigt hat, in der Anlage schon so Gesundes, so unendlich Gesundes in Farbe und Linie zu schaffen. Das alles, was er da zum großen Troste, zur unendlichen Begeisterung für verständige Menschen auf die Leinwand oder auf die Wand überhaupt gemalt hat, was so lichtglänzend, lichterstrahlend war, das zeigte sich ihm in dem ganzen kosmischen Zusammenhange, in dem es drinnenstehen kann durch den Durchgang durch die Wesenheiten der Merkursphäre.

Und so wurde er, der auf Erden eine solche Liebe zur Kunst entfaltet hatte, der ganz in der Liebe zu der Farbe und zu der Linie aufgegangen ist, so wurde er dann auf die Sphäre der Venus versetzt, die ihn auch liebend hinübertrug zu jenem Sonnendasein, das gelebt hat in seinen bisher uns bekannten Inkarnationen, zu jenem Sonnendasein, durch das er als Prophet Elias der Menschheit durch sein Volk die großen, die zielstrebenden Wahrheiten beigebracht hat.

Wir sehen, wie er in der Sonnensphäre wiederum intim zu leben vermag, jetzt auf eine andere Art als damals, als er des Christus Jesus Genosse auf Erden war, dasjenige, was er durchgemacht hatte, als er von Lazarus durch die Initiation des Christus Jesus zu dem Johannes geworden ist.

Und wir sehen, wie er in seinem kosmischen Widerglanz des menschlichen Herzens erstrahlen sieht in leuchtender Weltenhelle dasjenige, was er in einem so leuchtenden Lichte hingemalt hat für die Gläubigen des Christus Jesus.

Und wir sehen dann, wie er weisheitsvoll durchdringt in der Jupitersphäre dasjenige, was er so auf dem Grunde seines Lebens hatte; wir sehen, wie er in Weisheit zusammenzufassen vermag, sowohl mit solchen Geistern zusammen wie Goethe, dem späteren Goethe, wie auch mit solchen Geistern zusammen, die mehr oder weniger auf Abwegen waren, aber doch hinüberführten dasjenige, was Weltenwesen ist, Weltendenken ist, ins Magische, wie er dort die Grundlegung seines magischen Idealismus hat in dem Miterleben der Evolution des späteren Eliphas Lévi. Wir sehen, wie er teilnimmt an alle dem, das da drüben in Swedenborg lebte.

Und es ist eines merkwürdig, meine lieben Freunde, tief bedeutsam: Eine an Raffael ganz hingegebene Persönlichkeit, Herman Grimm, ging viermal daran, Raffaels Leben zu schreiben. Niemals kam er – während er Michelangelos Leben so schön abrundete –, niemals kam er dazu, Raffaels irdisches Leben wirklich zu zeichnen, so, daß er davon befriedigt gewesen wäre. Er hat immer wiederum Unvollkommenes nach seiner eigenen Auffassung in bezug auf Raffaels Leben geleistet, Herman Grimm.

Und so erschien denn sein erstes Raffael-Buch, das eine Raffael-Biographie hätte werden sollen. Was ist es? Es bringt einen Wiederabdruck der alten Anekdoten Vasaris über Raffael. Und es bringt dann nichts zur Biographie Raffaels, sondern es bringt etwas ganz anderes: es bringt eine Beschreibung desjenigen, was aus Raffael erst nach seinem Tode auf Erden hier in der Verehrung, in der Anerkennung, in dem Verständnis der Menschen geworden ist. Herman Grimm erzählt dasjenige, wie die Menschen über Raffael gedacht haben, wie die Italiener, die Franzosen, die Deutschen über Raffael gedacht haben im Fortschritt der Jahrhunderte. Er erzählt eine Biographie des nach dem Tode von Raffael hier auf Erden lebenden Raffael-Gedankens. Er findet den Zugang zu demjenigen, was geblieben ist von Raffael in der Menschen Angedenken, in der Menschen Verehrung, in der Menschen Verständnis; er findet nicht die Möglichkeit, das irdische Leben Raffaels zu schildern.

Und nachdem er viermal angesetzt hatte, sagt er: Dasjenige, was man für Raffael persönlich tun kann, ist eigentlich nur dieses, daß man schreibt, wie ein Bild in das andere übergeht so, wie wenn es gemalt worden wäre von einer überirdischen Wesenheit, die eigentlich gar nicht mit ihrem irdischen Leben die Erde wirklich berührt hätte. Die Bilder sind da, und man kann ganz absehen von Raffael, der die Bilder gemalt hat, indem man die Aufeinanderfolge desjenigen, was sich im inneren Inhalte der Bilder ausspricht, indem man diese wiedergibt.

Und so eigentlich hat Herman Grimm, als er kurz vor seinem Tode über Raffael nochmals gesprochen hat, nochmals den Versuch gemacht hat, die Feder dazu anzusetzen, auch nur über die Bilder Raffaels gesprochen, nicht über die irdische Persönlichkeit Raffaels.

Diese irdische Persönlichkeit Raffaels, sie war ja auch ganz hingenommen und ganz nur da durch dasjenige, meine lieben Freunde, was Lazarus-Johannes dieser Seele gegeben hatte, damit es ausfließe in Farbe und Linie für die Menschheit.

Und dann lebte dieses Wesen, es lebte so, daß es gewissermaßen dieses Raffael-Leben, wiederum nur mit einer dreißigjährigen Lebenszeit, noch einmal in Novalis absolvieren konnte. Und so sehen wir Raffael jung sterben, Novalis jung sterben, eine Wesenheit, die hervorging aus Elias-Johannes, in zwei verschiedenen Formen sich der Menschheit darstellend, vorbereitend dadurch in künstlerischer, in dichterischer Weise die Michael-Stimmung, heruntergesandt als Bote von der Michael-Strömung hin zu den Menschen auf Erden.

Und dann sehen wir eben auftauchen die große Künstlerschaft Raffaels in der hinreißenden, so tief zu Herzen sprechenden Dichtung des Novalis. Alles dasjenige, was durch Raffael menschliche Augen gesehen haben, von dem konnten sich durchdringen menschliche Herzen, als es in Novalis wiedererstand.

Und wenn wir diesen Novalis betrachten: Wie klingt das von Herman Grimm so fein empfundene Raffael-Leben gerade in diesem Novalis nach! Ihm stirbt seine Geliebte in jungen Jahren. Er ist selber noch jung. Was will er, indem sie ihm gestorben ist, für ein Erdenleben führen? Er drückt das selber so aus, daß er sagt, sein Erdenleben soll sein, ihr nachzusterben. Schon will er übergehen ins Übersinnliche, schon will er das Leben des Raffael wieder führen, nicht eigentlich die Erde berühren, sondern ausleben möchte er in der Dichtung seinen magischen Idealismus, indem er nicht berührt sein wollte vom Erdenleben.

Und wie sehen wir, wenn wir dasjenige, was er in seine Fragmente gegossen hat, wie sehen wir es, wenn wir das auf uns wirken lassen? Es wirkt deshalb so tief, weil alles dasjenige, was man in unmittelbarer sinnlicher Wirklichkeit vor sich hat, weil alles dasjenige, was Augen sehen können und was Augen auf der Erde als schön empfinden können, in Novalis' Dichtung durch dasjenige, was in seiner Seele lebt, als magischer Idealismus, in einem fast himmlischen dichterischen Glanze erscheint. Das unbedeutendste Materielle weiß er in seinem geistigen Lichtglanz wiedererstehen zu lassen durch seinen dichterisch-magischen Idealismus.

Und so sehen wir gerade in Novalis einen glänzenden Vorboten jener Michael-Strömung, meine lieben Freunde, die Euch alle führen soll jetzt, indem Ihr lebt, und dann, indem Ihr durch die Pforte des Todes gegangen sein werdet, finden werdet alle diejenigen – auch das Wesen, von dem ich heute gesprochen habe – in der geistig-übersinnlichen Welt, finden werdet alle diejenigen, mit denen Ihr vorbereiten sollt das Werk, das geschehen soll am Ende dieses Jahrhunderts und das die Menschheit über die große Krisis hinausführen soll, in die sie versetzt ist.

Nur dann, wenn dieses Werk, die große, gewaltige Durchdringung mit der Michael-Kraft, mit dem Michael-Willen – der ja nichts anderes ist als dasjenige, was vor dem Christus-Willen, vor der Christus-Kraft vorausgeht, um diese Christus-Kraft in der richtigen Weise in das Erdenleben einzupflanzen –, nur dann, wenn diese Michael-Kraft wirklich siegen kann über das Dämonen-Drachenhafte, das Ihr ja auch gut kennt, und wenn Ihr alle, die Ihr in dem Lichte anthroposophischer Weisheit den Michael-Gedanken in Euch aufgenommen habt, wenn Ihr diesen Michael-Gedanken treuen Herzens und in inniger Liebe aufgenommen habt und bewahrt, wenn Ihr versucht, diese Michael-Weihestimmung dieses Jahres zum Ausgangspunkte desjenigen zu nehmen, was Euch in aller Stärke, in aller Kraft diesen Michael-Gedanken in der Seele nicht nur offenbaren, sondern in allen Euren Taten lebendig machen kann, – dann werdet Ihr treue Diener dieses Michael-Gedankens sein, dann werdet Ihr edle Mithelfer werden können desjenigen, was im Michael-Sinne durch Anthroposophie in der Erdenentwickelung sich geltend machen soll.

Wenn in vier mal zwölf Menschen wenigstens innerhalb der nächsten Zeit der Michael-Gedanke voll lebendig wird, in vier mal zwölf Menschen, die aber nicht durch sich selbst, sondern durch die Leitung des Goetheanum in Dornach als solche erkannt werden können, wenn in solchen vier mal zwölf Menschen Führer erstehen für Michael-Festesstimmung, dann können wir hinschauen auf das

Licht, das durch Michael-Strömung und Michael-Taten über der Menschheit in der Zukunft sich ausbreiten wird.

Daß das so ist, meine lieben Freunde, dazu habe ich versucht, mich aufzuraffen, um das wenigstens in diesen kurzen Worten Euch heute zu sagen. Für mehr würde heute noch meine Kraft nicht hinreichen. Aber das ist es, was aus den Worten heute zu Eurer Seele sprechen möge: Daß Ihr diesen Michael-Gedanken aufnehmet im Sinne desjenigen, was ein Michael-treues Herz empfinden kann, wenn, angetan mit dem Lichtesstrahlenkleide der Sonne, Michael erscheint, der zunächst weist und deutet auf dasjenige, was geschehen soll, damit dieses Michael-Kleid, dieses Lichtkleid, zu den Wellen der Worte werden kann, die die Christus-Worte sind, die die Weltenworte sind, die Welten-Logos in Menschheits-Logos wandeln können.

Deshalb seien meine Worte heute an Euch diese:

Sonnenmächten entsprossene,
Leuchtende, weltenbegnadende
Geistesmächte:
Zu Michaels Strahlenkind
Seid ihr vorbestimmt
Vom Götterdenken,
Er, der Christusbote,
Weist in euch
Menschentragenden,
Heiligen Welten-Willen.
Ihr, die hellen
Ätherwelten-Wesen,
Trägt das Christuswort
Zum Menschen.

So erscheint Michael,
Der Christus-Künder,
In harrenden, durstenden
Seelen.
Ihnen scheinet euer
Leuchtewort
In des Geistes-Menschen
Welten-Zeit.
Ihr, der Geist-Erkenntnis
Schüler
Nehmt des Michaels
Weises Winken,
Nehmt des Welten-Willens
Liebes-Wort
In der Seelen
Höhenziele
Wirksam auf.

Sonnenmächten Entsprossene,
Leuchtende, Welten begnadende
Geistesmächte; zu Michaels Strahlenkleid
Seid ihr vorbestimmt vom Götterdenken.

Er, der Christusbote weist in euch
Menschentragenden, heil'gen Welten-Willen;
Ihr, die hellen Aetherwelten-Wesen
Trägt das Christuswort zum Menschen.

So erscheint der Christuskünder
Den erharrenden, durstenden Seelen;
Ihnen strahlet euer Leuchte-Wort
In des Geistesmenschen Weltenzeit.

Ihr, der Geist-Erkenntnis Schüler
Nehmet Michaels weises Winken,
Nehmt des Welten-Willens Liebe-Wort
In der Seelen Höhenziele wirksam auf.

Ergänzende Bemerkungen
zum Inhalt der Ansprache vom 28. September 1924 (letzte Ansprache)

Es ist zu berücksichtigen, daß Rudolf Steiner die Darstellung am 28. September 1924 nicht zuende führen konnte. Marie Steiner schrieb in Erinnerung daran in ihrem Aufsatz «Am Vorabend des Michaelitages» im Nachrichtenblatt der Anthroposophischen Gesellschaft im September 1925:

«Er brachte den Vortrag nicht so weit, wie er es ursprünglich gewollt hatte. Er gab uns den ersten Teil des Mysteriums von Lazarus; damals sagte er mir nicht nur, sondern schrieb auch später auf den Umschlag der ersten Nachschrift: Nicht weitergeben, bis ich den zweiten Teil dazu gegeben haben werde. – Man hat es ihm dann trotzdem abgerungen, wie so manches. – Jetzt wird er diesen zweiten Teil uns nicht mehr geben. Unsern Erkenntniskräften wird es vorbehalten bleiben, das Richtige zu unterscheiden zwischen den Inkarnations- und Inkorporationsgeheimnissen, den Durchkreuzungen der Individualitätslinien. Er endigte mit dem, was wie ein roter Faden durchgegangen war durch seine Weisheitsoffenbarungen: dem Mysterium von Novalis, Raffael, Johannes... Wir sind immer wieder zu ihm zurückgeführt worden, von den verschiedensten Aspekten aus. Das letzte, das schwerste, weil von einer andern Individualitätslinie durchkreuzt, gab er uns am Vorabend jenes Michaelitages – und brach ab...»

Was Marie Steiner damit als noch mündlich gegebene Erläuterung Rudolf Steiners nur angedeutet hat, wurde verbürgt von Dr. Ludwig Noll, neben Dr. Ita Wegman behandelnder Arzt Rudolf Steiners, überliefert:

Bei der Auferweckung des Lazarus sei von oben her bis zur Bewußtseinsseele die geistige Wesenheit Johannes des Täufers, der ja seit seinem Tode der die Jüngerschar überschattende Geist gewesen sei, in den vorherigen Lazarus eingedrungen und von unten her die Wesenheit des Lazarus, so daß die beiden sich durchdrangen. Das ist dann nach der Auferweckung des Lazarus Johannes, der «Jünger, den der Herr lieb hatte». (Vergleiche dazu auch den 6. Vortrag von «Das Markus-Evangelium», wo Elias als die Gruppenseele der Apostel geschildert wird.)

Nach Frau Dr. M. Kirchner-Bockholt gab Rudolf Steiner Frau Dr. Ita Wegman dazu noch die weitere Erklärung: «Lazarus konnte aus den Erdenkräften heraus sich in dieser Zeit nur voll entwickeln bis zur Gemüts- und Verstandesseele; das Mysterium von Golgatha findet statt im vierten nachatlantischen Zeitraum, und in dieser Zeit wurde entwickelt die Verstandes- oder Gemütsseele. Daher mußte ihm von einer anderen kosmischen Wesenheit von der Bewußtseinsseele aufwärts Manas, Buddhi und Atma verliehen werden. Damit stand vor dem Christus ein Mensch, der von den Erdentiefen bis in die höchsten Himmelshöhen reichte, der in Vollkommenheit den physischen Leib durch alle Glieder bis zu den Geistesgliedern Manas,

Buddhi, Atma in sich trug, die erst in ferner Zukunft von allen Menschen entwikkelt werden können.» (Nachrichtenblatt 40. Jahrg., Nr. 48, vom 1. Dezember 1963).

Im Oktober 1924 schrieb Ita Wegman an Helene Finckh: «Liebe Frau Finckh. Dr. Steiner läßt sagen, daß er einverstanden ist, daß Sie den Michael-Spruch an diejenigen geben, die darum fragen. Auch ist er damit einverstanden, daß Sie den Vortrag den Mitgliedern vorlesen, aber dann sollten Sie warten, bis Dr. zu dem Michael-Vortrag noch einiges hinzuschreibt, um das Geheimnis, was besteht zu Johannes dem Täufer und Johannes dem Evangelisten, aufzuklären.»

Siehe hierzu auch: Hella Wiesberger «Zur Hiram-Johannes-Forschung Rudolf Steiners» im Anhang des Bandes «Zur Geschichte und aus den Inhalten der erkenntniskultischen Abteilung der Esoterischen Schule 1904–1914», Seite 423 ff.

HINWEISE

(Angaben zu bestimmten Auflagen beziehen sich auf Bände der Rudolf Steiner Gesamtausgabe)

Zu dieser Ausgabe

Textunterlagen: Die Vorträge wurden von der Berufsstenographin Helene Finckh (1883–1960) mitgeschrieben. Dem Text der ersten drei Auflagen liegt deren eigene Übertragung in Klartext zugrunde. Für die 4. Auflage (1974) wurde das Originalstenogramm durch Hedwig Frey (1922–1977) neu überprüft, was einige Textkorrekturen ermöglichte.

Zum Text der Ansprache vom 28. September 1924 (Letzte Ansprache): Für die 5. Auflage (1981) konnten aufgrund eines neu zugänglichen Stenogramms einige Textkorrekturen vorgenommen werden. Eine vollständige Darstellung aller Textänderungen enthält Nr. 73/74 der «Beiträge zur Rudolf Steiner Gesamtausgabe», Dornach 1981.

Der Titel des Bandes geht auf die erste Auflage 1937 zurück, die von Marie Steiner herausgegeben wurde. Der Untertitel lautete bis zur 2. Auflage von 1960: «Das Karma des geistigen Lebens der Gegenwart in Verbindung mit dem, was anthroposophische Bewegung sein soll.»

Zur Tafelzeichnung: Die Original-Wandtafelzeichnung Rudolf Steiners beim Vortrag vom 10. September ist erhalten geblieben, da die Tafel damals mit schwarzem Papier bespannt wurde. Sie ist als Ergänzung zu den Vorträgen im Band XVI der Reihe «Rudolf Steiner, Wandtafelzeichnungen zum Vortragswerk» verkleinert wiedergegeben. Auf die entsprechende Originaltafel ist an den betreffenden Textstellen durch Randvermerke aufmerksam gemacht.

Hinweise zum Text

Werke Rudolf Steiners innerhalb der Gesamtausgabe (GA) werden in den Hinweisen mit der Bibliographie-Nummer angegeben. Siehe auch die Übersicht am Schluß des Bandes.

zu Seite

11f. *Weihnachtstagung:* Vgl. dazu Rudolf Steiner «Die Weihnachtstagung zur Begründung der Allgemeinen Anthroposophischen Gesellschaft 1923/24», GA 260.

16 *Günther Wagner,* 1842–1930. Gründer der Fabrik der Pelikan-Erzeugnisse in Hannover.

16 *hier in diesem Saale:* Im provisorischen Vortragssaal der Schreinerei des Goetheanum.

17 *dieswöchigen «Mitteilungen»:* «Was in der Anthroposophischen Gesellschaft vorgeht. Nachrichten für deren Mitglieder», 1. Jahrg. Nr. 34 vom 31. August 1924. Abgedruckt in «Anthroposophische Leitsätze», Seite 65, GA 26, 1972.

17f. *Artikel über meinen öffentlichen, vor einer großen Zuhörerschaft gehaltenen Vortrag:* Konnte bisher nicht gefunden werden.

28 *karmische Zusammenhänge eines Menschen:* Um was es sich hier handelt, ließ sich bisher nicht feststellen.

30 *am Schluß der Neuauflage meiner «Theosophie»:* «Einzelne Bemerkungen und Ergänzungen» (zur 9. Aufl. 1918).

31 *Diese andere Persönlichkeit kannte ich schon längere Zeit sehr genau:* Es handelt sich um den mit Carl Ludwig Schleich befreundeten Arzt Max Asch, der Mitglied der deutschen Sektion der Theosophischen Gesellschaft war. Nach seinem Tode im März 1911 gedachte Rudolf Steiner seiner bei der 10. Generalversammlung der deutschen Sektion mit den Worten: «Einer dritten Persönlichkeit habe ich zu gedenken, die vielleicht für viele unerwartet schnell den physischen Plan verlassen hat; es ist unser liebes Sektionsmitglied Dr. Max Asch. In seinem vielbewegten Leben hatte er mancherlei zu überstehen, was es einem Menschen schwer machen kann, einer rein geistigen Bewegung nahe zu treten. Er hat aber zuletzt den Weg so zu uns gefunden, daß er, der Arzt, das beste Heilmittel für seine Leiden in der Pflege theosophischer Lektüre und Gedanken gefunden hat. Wiederholt hat er mir versichert, daß dem Arzt kein anderer Glaube in der Seele ersprießen könne an irgendein anderes Heilmittel als dasjenige, was spirituell aus theosophischen Büchern kommen kann, daß er die theosophische Lehre wie Balsam in seinen schmerzdurchwühlten Körper strömen fühlte. Wirklich bis in seine Todesstunde pflegte er in diesem Sinne Theosophie. Und es war mir eine schwere Entsagung, als nachdem dieser unser Freund dahingeschieden war, und mir seine Tochter schrieb, ich möchte einige Worte an seinem Grabe sprechen, ich diesen Wunsch nicht erfüllen konnte, da an diesem Tage mein Vortragszyklus in Prag seinen Anfang nahm, und es mir deshalb eine Unmöglichkeit war, dem theosophischen Freunde diesen letzten Dienst auf dem physischen Plane zu erweisen. Daß ihm die Worte, die ich hätte an seinem Grabe sprechen sollen, als Gedanken nachgesandt worden sind in diejenige Welt, die er damals betreten hatte, dessen können Sie versichert sein.»

33 *Zeit des Augustus:* 63 v.–14 n. Chr.

37 *Carl Ludwig Schleich*, 1859–1922.

38 *August Strindberg,* 1849–1912.

Memoiren von Schleich: «Besonnte Vergangenheit, Lebenserinnerungen» 19. bis 40. Tausend Berlin 1922. Es heißt da: «Es war anfangs der neunziger Jahre, als eines Tages mein Kollege Dr. Max Asch mit einem mir Unbekannten in mein Arbeitszimmer trat. ‹Hier bringe ich Ihnen Strindberg.›» (S. 176).

47 *jenes achte ökumenische Konzil in Konstantinopel:* Auf diesem Konzil im Jahre 869 wurde die sogenannte Trichotomie als ketzerisch erklärt. Siehe u. a. Willmann, «Geschichte des Idealismus», Bd. II, S. 111, 1. Aufl. Braunschweig 1894. Siehe auch S. 53f., 58, 63, 79 dieses Bandes.

49 *als der Sommerkurs stattfand in Torquay:* «Das Initiatenbewußtsein. Die wahren und die falschen Wege der geistigen Forschung», GA 243.

wenn man auf der Stätte steht: Tintagel in Cornwall.

55 *Dantes «Commedia»:* Die «Göttliche Komödie».

65 *Zisterzienserkleid:* Der Zisterzienserorden wurde 1098 gegründet von dem Benediktinerabt Robert von Citeaux (bei Dijon).

Dominikaner-Orden: 1215 von Dominicus gegründet.

66 *Vortragszyklus über die Scholastik:* «Die Philosophie des Thomas von Aquino», 3 Vorträge in Dornach zu Pfingsten 1920, GA 74.

69 *Zisterzienser Ordenspriester:* Wilhelm Neumann, 1837–1919.

70 *die Aufsätze werden ja als Buch erscheinen:* Siehe Rudolf Steiner «Mein Lebensgang» (1923–1925), Kap. VII, GA 28.

72 *im ersten Mysteriendrama:* «Die Pforte der Einweihung» (1910). In «Vier Mysteriendramen», GA 14.

77 *diese Persönlichkeit ... war eine mir befreundete Schriftstellerin:* Es läßt sich nicht mit Sicherheit sagen, wer diese Persönlichkeit war. Emil Bock hat vermutet («Rudolf Steiner. Studien zu seinem Lebensgang und Lebenswerk», Stuttgart 1990, S. 54ff.), daß es sich um die österreichische Dichterin Betty Paoli handele, was sich jedoch als unrichtig herausgestellt hat. Vgl. den Artikel von Karl Hugo Zinck «Betty Paoli und der Mönch aus Chartres» in «Goetheanum» 53. Jahrg., Nr. 50/51 vom 15./22. Dezember 1974. Nach Rudolf Grosse (Mitteilung von K. F. David in «Was in der Anthroposophischen Gesellschaft vorgeht. Nachrichten für deren Mitglieder» 51. Jahrg., Nr. 52 vom 29. Dezember 1974) sei es Ada Christen (1839–1901). Sowohl Bock wie auch Grosse geben als Quelle mündliche Äußerungen Rudolf Steiners gegenüber Johanna Mücke (1864–1949), der langjährigen Leiterin des Phi-

losophisch-Anthroposophischen Verlages, an. Bisher konnte nicht nachgewiesen werden, daß Rudolf Steiner diese beiden Schriftstellerinnen überhaupt persönlich gekannt hat.

83 *über Pastoral-Medizin gesprochen:* «Das Zusammenwirken von Ärzten und Seelsorgern. Pastoral-Medizinischer Kurs» (11 Vorträge für Ärzte und Priester, Dornach 1924), GA 318.

wenn demnächst das Buch erscheinen wird: Rudolf Steiner / Ita Wegman «Grundlegendes für eine Erweiterung der Heilkunst nach geisteswissenschaftlichen Erkenntnissen». Das Buch erschien erst nach Rudolf Steiners Tod 1925. GA 27.

86 *Celsus*, griechischer Philosoph, schrieb um 180 n. Chr. die Schrift über «den wahren Logos», welche die erste Polemik gegen das Christentum ist (Bruchstücke in Origenes «Contra Celsum», deutsch v. Th. Keim, Zürich 1873).

88 *Tycho de Brahe*, dänischer Astronom, 1546–1601. Jetzt meist nur Tycho Brahe genannt. Rudolf Steiner verwendet die früher vielfach gebräuchliche Bezeichnung Tycho de Brahe.

89 *ein berühmter Astronom:* Pierre Simon Laplace, 1749–1827.

96 *Fichtes «Reden an die deutsche Nation»:* gehalten in Berlin im Winter 1807/08.

97 *Schellings Schrift über die Samothrakischen Mysterien:* «Über die Gottheiten von Samothrake» (1815).

99 *Robert Zimmermann..., von dem das Wort «Anthroposophie» herrührt:* «Anthroposophie im Umriß. Entwurf eines Systems idealer Weltansicht auf realistischer Grundlage», Wien 1882.

Zimmermann über Schellings «Weltalter»: in Robert Zimmermann «Studien und Kritiken zur Philosophie und Ästhetik», 1. Band, Wien 1870, S. 363.

102 *Frohschammer, «Die Phantasie als Grundprinzip des Weltprozesses»:* München 1877.

108 *Die Persönlichkeit des Strader hat eine Art von Vorbild gehabt:* Gideon Spicker, 1840–1912, erst Kapuzinermönch, dann Professor für Philosophie in Münster/Westf. Werke u. a. «Lessings Weltanschauung», Leipzig 1883; «Vom Kloster ins akademische Lehramt», Stuttgart 1908.

126 *Gregor VII* (Hildebrand), Papst 1073–1085.

127 *Konzil von Nicäa:* 325.

131 *Wladimir Solowjow*, 1853–1900.

in der Einleitung zur Solowjow-Ausgabe: In Wladimir Solovjeff, «Zwölf Vorlesungen über das Gottmenschentum», Stuttgart 1921. (Ausgewählte Werke, 3. Bd. Vorwort S. XII–XVI.)

137 *Buch über die sieben freien Künste:* «De nuptiis Philologiae et Mercurii» (um 425). Im frühen Mittelalter beliebtes Schulbuch.

141 *Campanella... in seinem Werk über den Sonnenstaat:* Geschrieben im Kerker 1602.

146f. *Otto Weininger «Geschlecht und Charakter»*. 17. Aufl., Wien 1918.

146 *Sein Biograph schildert:* Es gibt verschiedene Biographen Weiningers, daher ließ sich nicht feststellen, auf welchen sich Rudolf Steiner bezog.

147 *Und wunderbare Intuitionen finden Sie bei ihm, z. B. diese: Man soll den Hund anschauen:* Vgl. Weininger, «Über die letzten Dinge» (Abschnitt «Der Hund»), 4. Aufl., Wien 1918, S. 121-124.

148 *Nietzsche «Jenseits von Gut und Böse»:* 1886.

149 *Weininger «Über die letzten Dinge»:* 4. Aufl., Wien 1918.

159 *wie Hebbel sich ein Drama notiert hat:* Hebbels Tagebücher, Nr. 1336 in Hebbels Sämtl. Werke, 9. Teil, Deutsches Verlagshaus Bong & Co. Stuttgart o. J.

159f. *Deutscher Philologe:* Der Historiker Joseph Aschbach, 1801–1882, versuchte in seiner Schrift «Roswitha und Konrad Celtes» den Nachweis zu erbringen, daß die Schriften von Roswitha von Gandersheim in Wirklichkeit von Konrad Celtes (1459–1508), der in Wien unter Maximilian I. wirkte, verfaßt seien.

162 *Emil Kuh*, 1828–1876, Literaturkritiker.

Schröer «Goethe und die Liebe»: Der Kommende Tag AG Verlag, Stuttgart 1922.

Zur Textkorrektur Zeile 8/9. In früheren Auflagen hieß es hier: «Über manche, von welchen die übrigen Literaturgeschichten schweigen, schreibt er viele Seiten.»

Nach Angabe von Teilnehmern soll Rudolf Steiner als Wiederverkörperung des Sokrates Christian Oeser, Pseudonym für Tobias Gottfried Schröer (1791–1850), den Vater von Karl Julius Schröer, genannt haben. Näheres hierüber siehe «Beiträge zur Rudolf Steiner Gesamtausgabe» Nr. 99/100, Ostern 1988, Seite 68-69

162 *Ein Grazer Professor:* Vermutlich handelt es sich um den Literaturhistoriker Richard Maria Werner (1854–1913), seit 1878 Privatdozent in Graz, seit 1883 Professor in Lemberg. Die Schröersche Faust-Ausgabe erschien 1881.

Erich Schmidt, 1853–1913, Philologe.

165 *Schröer «Die deutsche Dichtung des 19. Jahrhunderts»:* Leipzig 1875.

166 *Zum Text der Ansprache vom 28. September 1924 (Letzte Ansprache):* Für die 5. Auflage (1981) wurde ein bisher nicht bekanntes Original-Stenogramm aus dem Kolisko-Archiv in Bournemouth (England) durch Günther Frenz mit dem bisherigen Text verglichen. Dadurch ergeben sich gegenüber dem bisherigen Wortlaut folgende wesentliche Änderungen.

Seite 170, Z. 9 v. o.: «in seinem kosmischen Widerglanz» statt früher «in seine kosmische Wandlung«
Seite 171, Z. 3 v. o.: «eine Beschreibung» statt früher «ein Bild»
Seite 173, Z. 16 v. o.: «in dem Lichte anthroposophischer Weisheit» statt früher «in dem Lichte auf diese Weise»
Seite 174, Z. 11 v. o.: «zu den Wellen der Worte» statt früher «zu den Weltenworten».

Diese Änderungen sind darin begründet, daß die entsprechenden stenographischen Wortbilder durch gewisse Verzerrungen beim raschen Schreiben auch die früheren Lesarten zuließen. Ihre Eindeutigkeit ergibt sich durch das Vergleichsstenogramm, das in einem anderen Stenographie-System geschrieben wurde, in dem diese Stellen ganz eindeutig lesbar sind.

167 *Elias:* Vgl. dazu den Vortrag Rudolf Steiners in Berlin, 14. Dezember 1911, GA 61, sowie die Vorträge Köln, 8. Mai 1912; München, 16. Mai 1912 und Köln, 29. Dezember 1912 in «Erfahrungen des Übersinnlichen. Die Wege der Seele zu Christus», GA 143.

170 *Grimms erstes Raffaelbuch: «Das Leben Raffaels von Urbino»,* von Vasari übersetzt und kommentiert von Herman Grimm, Berlin 1872. Spätere Auflagen nur noch: Herman Grimm «Das Leben Raffaels».

172 *was er in seine Fragmente gegossen hat:* Fragmente sind die kurzen, aphorismusartigen Aufzeichnungen, die Novalis in großer Zahl hinterlassen hat und die größtenteils erst nach seinem Tode veröffentlicht wurden.

174/175 Der Michael-Spruch auf Seite 174 ist hier so wiedergegeben, wie er, gemäß Stenogramm von Helene Finckh, von Rudolf Steiner gesprochen wurde. Die erst später, kurz vor dem Tod Rudolf Steiners, entstandene Niederschrift weist vor allem in der 3. Strophe Unterschiede zum gesprochenen Text auf. (Näheres hierzu in «Beiträge zur Rudolf Steiner Gesamtausgabe», Nr. 67/68, Michaeli 1979.)

Das Lebenswerk Rudolf Steiners ist überliefert in den geschriebenen Werken und in den Nachschriften seiner stets frei gehaltenen Vorträge. Hinzu kommen zahlreiche künstlerische Arbeiten, von denen die beiden Goetheanumbauten weltweite Beachtung gefunden haben. Seine Ausführungen über Pädagogik, Landwirtschaft, Medizin, Nationalökonomie usw. führten zur Begründung zahlreicher Einrichtungen, die als Bereicherung des öffentlichen Kulturlebens immer mehr Anerkennung finden.

Im Auftrag Rudolf Steiners hat Marie Steiner-von Sivers die Vortragsnachschriften durchgesehen und veröffentlicht. Nach ihrem Tod (1948) wurde gemäß ihren Richtlinien von der durch sie 1943 begründeten Rudolf Steiner-Nachlaßverwaltung mit der Herausgabe der Rudolf Steiner-Gesamtausgabe begonnen. Diese wird etwa 350 Bände umfassen. In den beiden ersten Abteilungen erscheinen die *Schriften* und das *Vortragswerk*, in der dritten Abteilung wird das *künstlerische Werk* in entsprechender Form wiedergegeben.

Einen systematischen Überblick über die Gesamtausgabe (GA) gibt der Band «Bibliographische Übersicht. Das literarische und künstlerische Werk von Rudolf Steiner». Über den jeweiligen Stand der erschienenen Bände orientieren die Bücherverzeichnisse und der Gesamtkatalog des Rudolf Steiner Verlages.

Chronologischer Lebensabriß

(zugleich Übersicht über die geschriebenen Werke)

1861	Am 27. Februar wird Rudolf Steiner in Kraljevec (damals Österreich-Ungarn, heute Jugoslawien) als Sohn eines Beamten der österreichischen Südbahn geboren. Seine Eltern stammen aus Niederösterreich. Er verlebt seine Kindheit und Jugend an verschiedenen Orten Österreichs.
1872	Besuch der Realschule in Wiener-Neustadt bis zum Abitur 1879.

1879–1882	Studium an der Wiener Technischen Hochschule: Mathematik und Naturwissenschaft, zugleich Literatur, Philosophie und Geschichte. Grundlegendes Goethe-Studium.
1882	Erste schriftstellerische Tätigkeit.
1882–1897	Herausgabe von Goethes Naturwissenschaftlichen Schriften in Kürschners «Deutsche National-Litteratur», 5 Bände (GA 1a–e). Eine selbständige Ausgabe der Einleitungen erschien 1925 unter dem Titel *Goethes Naturwissenschaftliche Schriften* (GA 1).
1884–1890	Privatlehrer bei einer Wiener Familie.
1886	Berufung zur Mitarbeit bei der Herausgabe der großen «Sophien-Ausgabe» von Goethes Werken. *Grundlinien einer Erkenntnistheorie der Goetheschen Weltanschauung mit besonderer Rücksicht auf Schiller* (GA 2).
1888	Redakteur bei der «Deutschen Wochenschrift», Wien (Aufsätze daraus in GA 31). Vortrag im Wiener Goethe-Verein: *Goethe als Vater einer neuen Ästhetik* (in GA 30).
1890–1897	Weimar. Mitarbeit am Goethe- und Schiller-Archiv. Herausgeber von Goethes Naturwissenschaftlichen Schriften.
1891	Promotion zum Doktor der Philosophie an der Universität Rostock. 1892 erscheint die erweiterte Dissertation: *Wahrheit und Wissenschaft. Vorspiel einer «Philosophie der Freiheit»* (GA 3).
1894	*Die Philosophie der Freiheit. Grundzüge einer modernen Weltanschauung. Seelische Beobachtungsresultate nach naturwissenschaftlicher Methode* (GA 4).
1895	*Friedrich Nietzsche, ein Kämpfer gegen seine Zeit* (GA 5).
1897	*Goethes Weltanschauung* (GA 6). Übersiedlung nach Berlin. Herausgabe des «Magazin für Litteratur» und der «Dramaturgischen Blätter» zusammen mit O. E. Hartleben (Aufsätze daraus in GA 29–32). Wirksamkeit in der «Freien literarischen Gesellschaft», der «Freien dramatischen Gesellschaft», im «Giordano Bruno-Bund», im Kreis der «Kommenden» u. a.
1899–1904	Lehrtätigkeit an der von W. Liebknecht gegründeten Berliner «Arbeiter-Bildungsschule».

1900/01	*Welt- und Lebensanschauungen im 19. Jahrhundert*, 1914 erweitert zu: *Die Rätsel der Philosophie* (GA 18). Beginn der anthroposophischen Vortragstätigkeit auf Einladung der Theosophischen Gesellschaft in Berlin. *Die Mystik im Aufgange des neuzeitlichen Geisteslebens* (GA 7).
1902–1912	Aufbau der Anthroposophie. Regelmäßige öffentliche Vortragstätigkeit in Berlin und ausgedehnte Vortragsreisen in ganz Europa. Marie von Sivers (ab 1914 Marie Steiner) wird seine ständige Mitarbeiterin.
1902	*Das Christentum als mystische Tatsache und die Mysterien des Altertums* (GA 8).
1903	Begründung und Herausgabe der Zeitschrift «Luzifer», später *«Lucifer-Gnosis»* (Aufsätze in GA 34).
1904	*Theosophie. Einführung in übersinnliche Welterkenntnis und Menschenbestimmung* (GA 9).
1904/05	*Wie erlangt man Erkenntnisse der höheren Welten?* (GA 10). *Aus der Akasha-Chronik* (GA 11). *Die Stufen der höheren Erkenntnis* (GA 12).
1910	*Die Geheimwissenschaft im Umriß* (GA 13)
1910–1913	In München werden die *Vier Mysteriendramen* (GA 14) uraufgeführt.
1911	*Die geistige Führung des Menschen und der Menschheit* (GA 15).
1912	*Anthroposophischer Seelenkalender. Wochensprüche* (in GA 40, und selbständige Ausgaben). *Ein Weg zur Selbsterkenntnis des Menschen* (GA 16).
1913	Trennung von der Theosophischen und Begründung der Anthroposophischen Gesellschaft. *Die Schwelle der geistigen Welt* (GA 17).
1913–1922	Errichtung des in Holz als Doppelkuppelbau gestalteten ersten Goetheanum in Dornach/Schweiz. Im gleichen Zeitraum entstanden in Dornach ebenfalls nach Entwürfen Rudolf Steiners mehrere Wohn- und Zweckbauten, so das Haus Duldeck, Haus de Jaager, drei Eurythmiehäuser, Heizhaus, Transformatorenhäuschen, Glashaus, Verlagshaus u. a.
1914–1923	Dornach und Berlin. In Vorträgen und Kursen in ganz Europa gibt Rudolf Steiner Anregungen für eine Erneuerung auf vielen Lebensgebieten: Kunst, Pädagogik, Naturwissenschaften, soziales Leben, Medizin, Theologie. Weiterbildung der 1912 inaugurierten neuen Bewegungskunst «Eurythmie».

1914 — *Die Rätsel der Philosophie in ihrer Geschichte als Umriß dargestellt* (GA 18).

1916–1918 — *Vom Menschenrätsel* (GA 20). *Von Seelenrätseln* (GA 21). *Goethes Geistesart in ihrer Offenbarung durch seinen «Faust» und durch das «Märchen von der Schlange und der Lilie»* (GA 22).

1919 — Rudolf Steiner vertritt den Gedanken einer «Dreigliederung des sozialen Organismus» in Aufsätzen und Vorträgen, vor allem im süddeutschen Raum. *Die Kernpunkte der sozialen Frage in den Lebensnotwendigkeiten der Gegenwart und Zukunft* (GA 23). *Aufsätze über die Dreigliederung des sozialen Organismus* (GA 24). Im Herbst wird in Stuttgart die «Freie Waldorfschule» begründet, die Rudolf Steiner bis zu seinem Tode leitet.

1920 — Beginnend mit dem Ersten anthroposophischen Hochschulkurs finden im noch nicht vollendeten Goetheanum fortan regelmäßig künstlerische und Vortragsveranstaltungen statt.

1921 — Begründung der Wochenschrift «Das Goetheanum» mit regelmäßigen Aufsätzen und Beiträgen Rudolf Steiners (in GA 36).

1922 — *Kosmologie, Religion und Philosophie* (GA 25).
In der Silversternacht 1922/23 wird der Goetheanumbau durch Brand vernichtet. Für einen neuen in Beton konzipierten Bau kann Rudolf Steiner in der Folge nur noch ein erstes Außenmodell schaffen.

1923 — Unausgesetzte Vortragstätigkeit, verbunden mit Reisen. Zu Weihnachten 1923 Neubegründung der «Anthroposophischen Gesellschaft» als «Allgemeine Anthroposophische Gesellschaft» unter der Leitung Rudolf Steiners.

1923–1925 — Rudolf Steiner schreibt in wöchentlichen Folgen seine unvollendet gebliebene Selbstbiographie *Mein Lebensgang* (GA 28) sowie *Anthroposophische Leitsätze* (GA 26), und arbeitet mit Dr. Ita Wegman an dem Buch *Grundlegendes für eine Erweiterung der Heilkunst nach geisteswissenschaftlichen Erkenntnissen* (GA 27).

1924 — Steigerung der Vortragstätigkeit. Daneben zahlreiche Fachkurse. Letzte Vortragsreisen in Europa. Am 28. September letzte Ansprache zu den Mitgliedern. Beginn des Krankenlagers.

1925 — Am 30. März stirbt Rudolf Steiner in Dornach.

RUDOLF STEINER GESAMTAUSGABE

Überblick über das literarische und künstlerische Werk

Erste Abteilung: Die Schriften

I. Werke

Goethes Naturwissenschaftliche Schriften, eingeleitet und kommentiert von Rudolf Steiner, 5 Bände (GA 1a–e); separate Ausgabe der Einleitungen (GA 1)
Grundlinien einer Erkenntnistheorie der Goetheschen Weltanschauung (GA 2)
Wahrheit und Wissenschaft. Vorspiel einer «Philosophie der Freiheit» (GA 3)
Die Philosophie der Freiheit (GA 4)
Friedrich Nietzsche, ein Kämpfer gegen seine Zeit (GA 5)
Goethes Weltanschauung (GA 6)
Die Mystik im Aufgange des neuzeitlichen Geisteslebens und ihr Verhältnis zur modernen Weltanschauung (GA 7)
Das Christentum als mystische Tatsache und die Mysterien des Altertums (GA 8)
Theosophie. Einführung in übersinnliche Welterkenntnis und Menschenbestimmung (GA 9)
Wie erlangt man Erkenntnisse der höheren Welten? (GA 10)
Aus der Akasha-Chronik (GA 11)
Die Stufen der höheren Erkenntnis (GA 12)
Die Geheimwissenschaft im Umriß (GA 13)
Vier Mysteriendramen: Die Pforte der Einweihung – Die Prüfung der Seele – Der Hüter der Schwelle – Der Seelen Erwachen (GA 14)
Die geistige Führung des Menschen und der Menschheit (GA 15)
Anthroposophischer Seelenkalender (in GA 40)
Ein Weg zur Selbsterkenntnis des Menschen (GA 16)
Die Schwelle der geistigen Welt (GA 17)
Die Rätsel der Philosophie in ihrer Geschichte als Umriß dargestellt (GA 18)
Vom Menschenrätsel (GA 20)
Von Seelenrätseln (GA 21)
Goethes Geistesart in ihrer Offenbarung durch seinen «Faust» und durch das «Märchen von der Schlange und der Lilie» (GA 22)
Die Kernpunkte der sozialen Frage in den Lebensnotwendigkeiten der Gegenwart und Zukunft (GA 23)
Aufsätze über die Dreigliederung des sozialen Organismus und zur Zeitlage 1915–1921 (GA 24)
Kosmologie, Religion und Philosophie (GA 25)
Anthroposophische Leitsätze (GA 26)
Grundlegendes für eine Erweiterung der Heilkunst nach geisteswissenschaftlichen Erkenntnissen. Von Dr. Rudolf Steiner und Dr. Ita Wegman (GA 27)
Mein Lebensgang (GA 28)

II. Gesammelte Aufsätze

Gesammelte Aufsätze zur Dramaturgie 1889–1900 (GA 29)

Methodische Grundlagen der Anthroposophie. Gesammelte Aufsätze zur Philosophie, Naturwissenschaft, Ästhetik und Seelenkunde 1884–1901 (GA 30)

Gesammelte Aufsätze zur Kultur- und Zeitgeschichte 1887–1901 (GA 31)

Gesammelte Aufsätze zur Literatur 1886–1902 (GA 32)

Biographien und biographische Skizzen 1894–1905 (GA 33)

Lucifer–Gnosis. Grundlegende Aufsätze zur Anthroposophie und Berichte aus den Zeitschriften «Luzifer» und «Lucifer-Gnosis» 1903–1908 (GA 34)

Philosophie und Anthroposophie. Gesammelte Aufsätze 1904–1918 (GA 35)

Der Goetheanumgedanke inmitten der Kulturkrisis der Gegenwart. Gesammelte Aufsätze aus der Wochenschrift «Das Goetheanum» 1921–1925 (GA 36)

III. Veröffentlichungen aus dem Nachlaß

Briefe – Wahrspruchworte – Bühnenbearbeitungen – Entwürfe zu den vier Mysteriendramen 1910–1913 – Anthroposophie. Ein Fragment aus dem Jahre 1910 – Gesammelte Skizzen und Fragmente – Aus Notizbüchern und -blättern (GA 38–47)

Zweite Abteilung: Das Vortragswerk

I. Öffentliche Vorträge

Die Berliner öffentlichen Vortragsreihen («Architektenhaus-Vorträge») 1903/04 bis 1917/18 (GA 51–67)

Öffentliche Vorträge, Vortragsreihen und Hochschulkurse an andern Orten Europas 1906–1924 (GA 68–84)

II. Vorträge vor Mitgliedern der Anthroposophischen Gesellschaft

Vorträge und Vortragszyklen allgemein-anthroposophischen Inhalts – Evangelien-Betrachtungen – Christologie – Geisteswissenschaftliche Menschenkunde – Kosmische und menschliche Geschichte – Die geistigen Hintergründe der sozialen Frage – Der Mensch in seinem Zusammenhang mit dem Kosmos – Karma-Betrachtungen (GA 91–244)

Vorträge und Schriften zur Geschichte der anthroposophischen Bewegung und der Anthroposophischen Gesellschaft – Veröffentlichungen zur Geschichte und aus den Inhalten der Esoterischen Schule (251–270)

III. Vorträge und Kurse zu einzelnen Lebensgebieten

Vorträge über Kunst: Allgemein-Künstlerisches – Eurythmie – Sprachgestaltung und Dramatische Kunst – Musik – Bildende Künste – Kunstgeschichte (GA 271–292)

Vorträge über Erziehung (GA 293–311)

Vorträge über Medizin (GA 312–319)

Vorträge über Naturwissenschaft (GA 320–327)

Vorträge über das soziale Leben und die Dreigliederung des sozialen Organismus (GA 328–341)

Vorträge und Kurse über christlich-religiöses Wirken (GA 342–346)

Vorträge für die Arbeiter am Goetheanumbau (GA 347–354)

Dritte Abteilung: Das künstlerische Werk

Reproduktionen und Veröffentlichungen aus dem künstlerischen Nachlaß

Originalgetreue Wiedergaben von malerischen und graphischen Entwürfen und Skizzen Rudolf Steiners in Kunstmappen oder als Einzelblätter: Entwürfe für die Malerei des Ersten Goetheanum – Schulungsskizzen für Maler – Programmbilder für Eurythmie-Aufführungen – Eurythmieformen – Entwürfe zu den Eurythmiefiguren – Wandtafelzeichnungen aus dem Vortragswerk u. a.

Die Bände der Rudolf Steiner Gesamtausgabe sind innerhalb einzelner Gruppen einheitlich ausgestattet. Jeder Band ist einzeln erhältlich. Ausführliche Verzeichnisse können beim Verlag angefordert werden.